北京市农村集体资产清查问题解答

姚杰章 戴琼 ◎ 主编

中国财经出版传媒集团
中国财政经济出版社

图书在版编目（CIP）数据

北京市农村集体资产清查问题解答／姚杰章，戴琼主编. －－北京：中国财政经济出版社，2021.12
ISBN 978－7－5223－0918－7

Ⅰ.①北… Ⅱ.①姚…②戴… Ⅲ.①农村经济－集体经济－清产核资－北京－问题解答 Ⅳ.①F322－44

中国版本图书馆 CIP 数据核字（2021）第 228802 号

责任编辑：武志庆　　　　责任校对：徐艳丽
封面设计：智点创意　　　责任印制：党　辉

北京市农村集体资产清查问题解答
BEIJINGSHI NONGCUN JITI ZICHAN QINGCHA WENTI JIEDA

中国财政经济出版社 出版

URL：http：//www.cfeph.cn
E－mail：cfeph@cfeph.cn

（版权所有　翻印必究）

社址：北京市海淀区阜成路甲 28 号　邮政编码：100142
营销中心电话：010－88191522
天猫网店：中国财政经济出版社旗舰店
网址：https：//zgczjjcbs.tmall.com
北京富生印刷厂印刷　各地新华书店经销
成品尺寸：170mm×240mm　16 开　13 印张　168 000 字
2021 年 12 月第 1 版　　2021 年 12 月北京第 1 次印刷
定价：59.00 元
ISBN 978－7－5223－0918－7
（图书出现印装问题，本社负责调换，电话：010－88190548）
本社质量投诉电话：010－88190744
打击盗版举报热线：010－88191661　QQ：2242791300

编委会

编委会主任委员：姚杰章

执 行 主 编：戴 琼 曹 洁

编　　　　委：（以姓氏笔画排序）

王黎维　冯 峰　厉煜寰　刘 婧

李玉领　李建黎　宋春红　郝永凯

姚杰章　曹 洁　戴 琼

序 言

农村集体资产清查是农村集体产权制度改革的重要内容。党中央、国务院高度重视农村集体资产清查工作。习近平总书记指出，要"深化农村产权制度改革，明晰农村集体产权归属，赋予农民更加充分的财产权利"①。多年来的实践证明，开展农村集体资产清查，推进农村集体产权制度改革，是保障农民权益的客观要求，是发展壮大农村集体经济的物质基础，是巩固党在农村执政基础的坚强保障。

党的十八大以来，在党中央、国务院的统一部署下，在市委、市政府的坚强领导下，市委农工委、市农业农村局稳步推进农村集体产权制度改革，扎实开展农村集体资产清查，为全市全面建成小康社会提供了坚实基础。截至2020年底，全市农村集体资产达到9633亿元，占全国总量的10%以上，举足轻重。

2021年是中国共产党成立100周年，是实施全市"十四五"乡村振兴规划的开局之年，也是我市率先基本实现农业农村现代化的起步之年。新起点、新征程，面临新机遇、新挑战。全市农村集体经济发展不平衡不充分是我们必须努力补上的短板。唯有赓续深化农村改革，抓实农村集体资产清查，才能充分激发全市农村发展的内生动力，积蓄起实现乡村全面振兴的磅礴力量。

---

① 习近平2016年12月14日在中央经济工作会议上的讲话。

农村集体资产清查工作，关系农村集体经济组织成员的切身利益，情况复杂、业务量大、政策性强、专业性高，我们必须高度重视，对每一个环节都要认真对待，对遇到的每一个问题都要妥善研究解决。这本《北京市农村集体资产清查问题解答》，对农村集体资产清查的整体部署、具体要求、报表填报和财务调整等问题做了一一解答，不失为一本好的工具书，是全市各级农业农村部门和基层干部、业务人员开展农村集体资产清查的务实宝典，有利于更好地推动资产清查工作有序开展。

编委会

2021 年 12 月 1 日

目 录

第一部分　整体部署要求 ……………………………………… 1
 1. 农村集体资产清查工作的整体要求是什么? ………… 1
 2. 年度集体资产清查的时间节点是什么? ……………… 1
 3. 年度集体资产清查报表填报的整体要求是什么? …… 2
 4. 年度集体资产清查填报单位变更如何申请? ………… 2
 5. 农村集体资产清查发现的问题查处要求是什么? …… 3

第二部分　资产清查的具体要求 ……………………………… 4
 6. 库存现金如何清查? …………………………………… 4
 7. 银行存款如何清查? …………………………………… 5
 8. 其他货币资金如何清查? ……………………………… 6
 9. 短期投资如何清查? …………………………………… 7
 10. 应收账款如何清查? …………………………………… 8
 11. 预付账款如何清查? …………………………………… 9
 12. 应收股利如何清查? …………………………………… 10
 13. 应收利息如何清查? …………………………………… 11
 14. 其他应收款如何清查? ………………………………… 12
 15. 存货如何清查? ………………………………………… 14
 16. 牲畜（禽）资产如何清查? …………………………… 16
 17. 林木资产如何清查? …………………………………… 17
 18. 长期股权投资如何清查? ……………………………… 18
 19. 长期债权投资如何清查? ……………………………… 20
 20. 固定资产如何清查? …………………………………… 21
 21. 固定资产清理如何清查? ……………………………… 22
 22. 在建工程如何清查? …………………………………… 23

23. 无形资产如何清查？ ………………………………………… 24
24. 长期待摊费用如何清查？ …………………………………… 25
25. 短期借款如何清查？ ………………………………………… 26
26. 应付账款如何清查？ ………………………………………… 27
27. 预收款项如何清查？ ………………………………………… 27
28. 应付工资如何清查？ ………………………………………… 29
29. 应付福利费如何清查？ ……………………………………… 29
30. 应交税费如何清查？ ………………………………………… 30
31. 应付利息如何清查？ ………………………………………… 30
32. 应付股利如何清查？ ………………………………………… 31
33. 其他应付款如何清查？ ……………………………………… 32
34. 递延收益如何清查？ ………………………………………… 33
35. 长期借款如何清查？ ………………………………………… 33
36. 长期应付款如何清查？ ……………………………………… 34
37. "一事一议"资金如何清查？ ………………………………… 35
38. 专项应付款如何清查？ ……………………………………… 35
39. 实收资本（股本）如何清查？ ……………………………… 36
40. 资本公积如何清查？ ………………………………………… 37
41. 盈余公积如何清查？ ………………………………………… 37
42. 未分配利润如何清查？ ……………………………………… 37
43. 待界定资产如何清查？ ……………………………………… 38
44. 资源性资产如何清查？ ……………………………………… 38

第三部分 资产清查报表的填报 …………………………………… 42
45. "货币资金清查登记表"如何填报？ ………………………… 42
46. "短期投资清查登记表"如何填报？ ………………………… 45
47. "应收账款清查登记表"如何填报？ ………………………… 48
48. "预付账款清查登记表"如何填报？ ………………………… 51
49. "应收股利清查登记表"如何填报？ ………………………… 54
50. "应收利息清查登记表"如何填报？ ………………………… 56
51. "其他应收款清查登记表"如何填报？ ……………………… 58

目 录

52. "原材料清查登记表"如何填报？ …………………… 61
53. "库存商品清查登记表"如何填报？ …………………… 63
54. "发出商品清查登记表"如何填报？ …………………… 66
55. "在途商品清查登记表"如何填报？ …………………… 68
56. "商品进销差价清查登记表"如何填报？ ……………… 70
57. "委托加工物资清查登记表"如何填报？ ……………… 72
58. "农产品清查登记表"如何填报？ ……………………… 74
59. "消耗性生物资产［牲（禽）、林木资产除外］清查登记表"如何填报？ …………………………………………… 77
60. "牲畜（禽）资产清查登记表"如何填报？ …………… 79
61. "林木资产清查登记表"如何填报？ …………………… 82
62. "长期股权投资清查登记表"如何填报？ ……………… 85
63. "长期债权投资清查登记表"如何填报？ ……………… 87
64. "固定资产清查登记表-1（经营性固定资产）"如何填报？ ……………………………………………………… 89
65. "固定资产清查登记表-2（非经营性固定资产）"如何填报？ ……………………………………………………… 93
66. "固定资产清理清查登记表-1（经营性固定资产）"如何填报？ ………………………………………………… 96
67. "固定资产清理清查登记表-2（非经营性固定资产）"如何填报？ ………………………………………………… 98
68. "在建工程清查登记表-1（经营性在建工程）"如何填报？ ……………………………………………………… 100
69. "在建工程清查登记表-2（非经营性在建工程）"如何填报？ ……………………………………………………… 103
70. "无形资产清查登记表"如何填报？ …………………… 106
71. "长期待摊费用清查登记表"如何填报？ ……………… 109
72. "短期借款清查登记表"如何填报？ …………………… 111
73. "应付账款清查登记表"如何填报？ …………………… 113
74. "预收账款清查登记表"如何填报？ …………………… 116
75. "应付利息清查登记表"如何填报？ …………………… 119

76. "应付股利清查登记表"如何填报？ ………………………… 121
77. "应交税费清查登记表"如何填报？ ………………………… 123
78. "其他应付款清查登记表"如何填报？ ……………………… 126
79. "递延收益清查登记表"如何填报？ ………………………… 129
80. "长期借款清查登记表"如何填报？ ………………………… 131
81. "长期应付款清查登记表"如何填报？ ……………………… 133
82. "应付工资清查登记表"如何填报？ ………………………… 135
83. "应付福利费清查登记表"如何填报？ ……………………… 137
84. "'一事一议'资金清查登记表"如何填报？ ………………… 139
85. "专项应付款清查登记表"如何填报？ ……………………… 141
86. "所有者权益清查登记表"如何填报？ ……………………… 144
87. "待界定资产清查登记表"如何填报？ ……………………… 149
88. "资源性资产清查登记明细表－1（农用地）"如何填报？
 ……………………………………………………………… 151
89. "资源性资产清查登记明细表－2（建设用地）"如何
 填报？ …………………………………………………… 153
90. "资源性资产清查登记明细表－3（未利用地、附报）"
 如何填报？ ……………………………………………… 155
91. "资产负债表（组织）"如何填报？ ………………………… 157
92. "资产负债表（全资企业）"如何填报？ …………………… 160
93. "资产负债表合并表（组织）"如何填报？ ………………… 163
94. "资源性资产清查登记总表"如何填报？ …………………… 166
95. "资产负债汇总表（组织）"如何填报？ …………………… 168
96. "资产负债汇总表（全资企业）"如何填报？ ……………… 171
97. "资产负债合并汇总表"（京农清汇总01－3）如何填报？
 ……………………………………………………………… 174
98. "资源性资产清查登记汇总表"如何填报？ ………………… 177

第四部分 资产清查结果的账务调整 …………………………… 179

99. 资产清查后账目调整的整体要求是什么？ ………………… 179
100. 集体资产清查中存货盘盈或盘亏如何调整？ ……………… 180

101. 农村集体资产清查中农业资产盘盈或盘亏如何调整？ …… 181
102. 农村集体资产清查中固定资产盘盈或盘亏如何调整？ …… 182
103. 农村集体资产清查中在建工程的报废或损毁如何调整？ … 183
104. 农村集体资产清查中盘盈未纳入账内存货如何调整？ …… 183
105. 农村集体资产清查中盘盈未纳入账内固定资产如何
     调整？ ………………………………………………………… 184
106. 农村集体资产清查中盘盈没有纳入账内无形资产如何
     调整？ ………………………………………………………… 185
107. 农村集体资产清查中盘盈没有纳入账内农业资产如何
     调整？ ………………………………………………………… 185
108. 农村集体资产清查中无法收回的应收款项如何调整？ …… 186
109. 农村集体资产清查中无法收回的预付款项如何调整？ …… 187
110. 农村集体资产清查中无法收回的对外投资如何调整？ …… 187
111. 农村集体资产清查中预期不能带来收益的无形资产如何
     调整？ ………………………………………………………… 188
112. 农村集体资产清查中确实无法支付的债务如何调整？ …… 189
113. 农村集体资产清查中对直接或间接拥有半数以上表决权
     等能够控制的被投资企业如何调整？ ……………………… 189
114. 农村集体资产清查中清查出的账外长期股权投资如何处
     理？ …………………………………………………………… 191

第一部分　整体部署要求

1. 农村集体资产清查工作的整体要求是什么？

根据农业农村部等九部委联合下发的《关于全面开展农村集体资产清产核资工作的通知》（农经发〔2017〕11号）的要求，要建立年度资产清查制度和定期报告制度，至少每年年末开展一次资产清查，并将清查结果报送农业农村部。年度资产清查整体要求可参照原北京市农委等十部门印发的《关于全面开展农村集体资产清产核资工作的通知》（京政农函〔2018〕26号），清查对象、清查范围、清查程序、资产所有权确权、账务处理及问题查处等要求不变。

北京市年度资产清查具体要求可参照市农业农村部门印发的农村集体资产年度清查的相关通知，由各区负责组织农村集体经济组织对各类农村集体资产进行全面清查，规范报表填报，乡镇、区要做好数据审核，并按时报送清查结果。

清查结果要向农村集体经济组织全体成员公示，并经成员大会或成员代表大会确认。

资产清查工作小组可沿用清产核资工作小组，无须再重新成立，若有人员变动，可按照实际情况进行调整。

2. 年度集体资产清查的时间节点是什么？

根据农业农村部的统一部署，市农业农村局一般于每年年底印发开展年度集体资产清查的通知,以每年12月31日为清查登记时点进行清查,一般于次年年初完成清查工作,市级组织审核后报送农业农村部。具体时间节点以通知为准。

3. 年度集体资产清查报表填报的整体要求是什么?

农村集体经济组织需在系统中填报农村集体资产清查报表,涉及货币资金清查登记表、短期投资清查登记表等(京农清明细01-京农清明细21),共50张报表。资产负债表(组织)(京农清明细19-1)、资源性资产清查登记总表(京农清明细21)相关数据,由系统自动汇总生成。农村集体经济组织需认真对照上年度农村集体资产清查历史数据,根据当年的账面数和清查核实情况进行填报,资产、负债、所有者权益、待界定资产及资源等发生变动的可直接在该行次修改或删除,新增事项依次在最后一行次进行填报。目前,系统数据可以直接在各明细表上进行增加、删除、修改,也可以先填报EXCEL表格再行导入。

各区、乡镇经管部门填报的资产负债汇总表(组织)(京农清汇总01-1)、资产负债汇总表(全资企业)(京农清汇总01-2)、资产负债合并汇总表(京农清汇总01-3)和资源性资产清查登记汇总表(京农清汇总02),共4张报表,由系统自动汇总生成并逐级审核上报。

4. 年度集体资产清查填报单位变更如何申请?

对于新增或减少的资产清查单位,应及时上报区经管站,并由区经管站统一上报市农业农村局后进行变更。

5. 农村集体资产清查发现的问题查处要求是什么？

清产核资工作中发现的问题要认真查处。对没有登记入账或者核算不准确的，要按照《北京市农村集体资产清产核资实施细则》有关规定及时登记入账或者调整账目；对长期借出或者未按规定手续租赁、转让的资产，要清理收回或者补办手续；对侵占集体资金和资产的，要如数退赔，涉及违规违纪的移交纪检监察机关处理，涉嫌犯罪的移交司法机关处理。

第二部分 资产清查的具体要求

6. 库存现金如何清查?

库存现金是指集体经济组织存放在单位用于日常周转的现金。集体经济组织有内部周转使用备用金、单独设置"备用金"科目的,"备用金"纳入库存现金中清查。清查的具体要求包括:

(1) 检查现金日记账、总账、会计凭证、会计报表的现金余额,核对账账、账证、账表是否相符。

(2) 同一填报单位、未统一存放现金的,应将各处存放的库存现金合计数与账面余额进行核对。

(3) 盘点资产清查日实有库存现金,填写现金盘点表。

(4) 将实盘现金倒轧至资产清查基准日的余额与账面数比较,核对账实是否相符。

(5) 如库存现金经过倒轧后与账实不符,或账账、账证、账表不符,应查明原因,属于会计技术差错的,应调整相关账务资料。

(6) 如果清查发现有现金长款或短款的,应如实填列清查登记表中的"盘盈""盘亏",并查明原因、在清查登记表中进行备注说明。

(7) 若有充抵库存现金的借条、未提现金支票、未作报销的原始凭证,需在清查登记表相关事项说明栏中进行说明。

(8) 如果企业存在账外"小金库"情况,需将"小金库"的现金同时纳入清查范围,填列至清查登记表中的"现金盘盈",同时备注说明。

（9）对于非记账本位币的现金，检查其采用的折算汇率是否正确。

（10）库存现金的清查以财务部门为主，具体清查工作由出纳人员进行，资产清查人员实施监盘。

7. 银行存款如何清查？

银行存款是指集体经济组织存入银行或其他金融机构的各种款项。清查的具体要求包括：

（1）检查银行存款日记账、总账、会计凭证及会计报表的银行存款余额，并核对账账、账证、账表是否相符。

（2）清查核对各单位资产清查基准日在金融部门（包括在银行和非银行金融机构）开立的基本账户、一般账户、结算账户、基建专户、房改资金专户、土地补偿款专户等信息与账面记录是否相符。

（3）清查核对银行存款账面余额与开户银行或其他金融机构出具的银行对账单余额是否相符。

如银行存款日记账与对账单有差额，且属于未达账项所致，应逐笔落实未达账项的形成原因、时间、金额以及资产清查基准日后的进账情况，对长期挂账的未达账项应查明原因，或取得相关依据后进行处理。

如银行存款日记账与对账单有差额并且非因未达账项所致，应查明真实原因，履行相应的民主程序后及时调整账面记录。

（4）清理"银行存款"科目中属于"其他货币资金"核算的内容。如存在外埠存款、银行汇票存款、银行本票存款、信用卡存款、信用证保证金存款、存出投资款等仍在"银行存款"科目中核算的情况，应填列至清查登记表的"其他货币资金"。

（5）对大额的定期存款或限定用途的存款，应查明情况，在清查登记表中进行备注说明。

（6）对于非记账本位币的银行存款，检查采用的折算汇率是否正确。

（7）清查工作以财务部门为主，取得银行对账单、核对银行存款总账和日记账、编制银行存款余额调节表，检查未达账项的真实性，逐笔落实未达账项的形成原因、时间、金额。

8. 其他货币资金如何清查？

其他货币资金是指集体经济组织的银行汇票存款、银行本票存款、信用卡存款、信用证保证金存款、存出投资款、外埠存款等货币资金。清查的具体要求包括：

（1）检查其他货币资金日记账、总账、会计凭证与会计报表余额，核对账账、账证、账表是否相符。

（2）清查核对资产清查基准日其他货币资金包含的全部内容（如外埠存款、银行汇票存款、银行本票存款、信用卡存款、信用证保证金存款、存出投资款、在途货币资金等）是否完整。

（3）其他货币资金中是否存在已支付款项未进行会计处理的事项，如经济事项发生于资产清查基准日之前，应及时调整账簿记录。

（4）在途资金要按账面值与所属各单位、上级主管部门等相关单位的汇款通知单核对，落实其真实性，以及是否存在"在途资金"长期挂账的现象。

（5）清查工作以财务部门为主，具体清查工作由出纳人员、资产清查人员和其他相关责任人（如外埠采购存款专户经管人、本票及汇票持有人、信用卡持有人等）共同进行。

（6）对于非记账本位币的其他货币资金，检查其采用的折算汇率是否正确。

9. 短期投资如何清查？

短期投资是指集体经济组织购入的各种能随时变现、持有时间不准备超过1年（含1年）的投资。包括各种股票、债券、基金等。清查的具体要求包括：

（1）检查短期投资明细账、总账、会计凭证及会计报表余额，核对账账、账证、账表是否相符。

（2）根据投资协议或合同，查清各种短期投资的投资对象、投资时间、投资金额、合同利息率、投资期限、出资形式等。

（3）清查核对各种短期投资（包括各种股票、债券、基金及其他投资期限不超过1年的投资类资产）账面余额与投资协议或合同记载金额、原始凭证记载金额是否相符，核实短期投资的真实性，相关投资收益的完整性。

（4）盘点库存有价证券，与账面余额进行核对。

（5）取得股票、债券及基金账户对账单，与账面余额进行核对。

（6）对托管或在外保管的有价证券，查阅托管或保管协议或证明文件，向托管人或者保管人进行函证，核实所有权人、交易明细、账户余额等信息。

（7）清理"短期投资"科目中属于"银行存款"核算的内容。如存在定期存款、七日通知存款等仍在"短期存款"科目中核算的情况，应填列至清查登记表的"银行存款"。

（8）检查有无不以短期交易获利为目的的项目。如有，应调整至"长期股权投资"或"长期债权投资"进行账务核算和清查登记。

（9）清查工作以财务部门为主，资产清查人员会同其他相关专业部门（如投资管理部门）及保管人等共同清查。

10. 应收账款如何清查?

应收账款是指集体经济组织因销售商品、提供劳务等经营活动应向客户收取的款项。清查的具体要求包括:

(1) 核对截至资产清查基准日的应收账款(包括应收工程款、销货款、提供劳务等款项)的明细账、总账、会计凭证及会计报表余额,核对账账、账证、账表是否相符。

(2) 清理该科目是否存在不属于工程结算、销售货物、提供劳务等主营业务和其他业务而形成的往来款项。若有,应调整至"其他应收款"等科目核算。

(3) 根据账龄分析,对长期挂账的应收账款应查明原因,并在清查明细表中进行说明。

(4) 清查应收账款是否已充当抵押品,并在清查明细表中做出说明。

(5) 同一债务人因业务往来欠款、还款滚动发生情况下,运用"先欠款,先偿还"的账龄分析原则,分析应收账款余额的账龄构成,检查应收账款的账龄分析结果是否正确。

(6) 对于资产清查基准日已办理工程结算、销售的货物、提供的劳务而未确认收入、收取款项的情况,应依据协议、合同、有效的结算和销售凭据及时确认收入,调增资产清查基准日应收账款的账面余额。

(7) 对于应收账款应该采取面询、发函等方式逐一与外部单位和个人进行核对,取得书面核对凭证,查清债务人、金额、形成原因、到期时间和审批人等。

(8) 清理分期收款业务,按合同要求是否存在资产清查基准日前应确认收入、往来账的事项;若有,应及时进行账务处理,调增资产清查基准日应收账款的账面余额。

(9) 对登记日应收未收的款项,应按照权责发生制原则,依据合同、协议或政策文件予以确认，并取得债务人书面同意。

（10）对因债务单位撤销，或债务人死亡，且既无遗产清偿又无义务承担人等原因，确实无法收回的款项，要明确责任，按照有关规定进行核销。

（11）对有争议的债权，要查证、核实，明确债权关系。

（12）因诉讼等原因处于不确定状态的债权，须单独说明。

（13）清理预收账款中是否有与应收账款属于同一客户、同一性质业务、挂同一明细科目的情况，若有应进行重分类调整，避免资产与负债同时虚增。

（14）应收账款出现"负数"情况，应查明原因，进行账务调整。

（15）对非记账本位币结算的应收账款，检查其采用的折算汇率是否正确。

（16）应收工程款、销货款、提供劳务等款项的清查工作以财务部门和经营（销售）部门为主，其他相关部门和人员配合进行。

11. 预付账款如何清查？

预付账款是指集体经济组织按照合同规定预付给供应商的款项。清查的具体要求包括：

（1）核对截至资产清查基准日的预付账款（包括采购商品、货物、原材料、购买劳务预付的款项、在建工程预付的工程款等）的明细账、总账、会计凭证及会计报表余额，核对账账、账证、账表是否相符。

（2）运用"先采购，先销账"的原则，分析预付账款余额的账龄构成，检查预付账款的账龄分析结果是否正确。

（3）对超过1年的预付账款进行清理，如交易已中断或无法执行而遗留的预付账款，应转入"其他应收款"科目核算。

（4）检查长期挂账款项的原因，按预付款项的业务内容（预付工程类和预付经营类）分别进行填列，并在清查明细表中说明。

（5）对时间较长，因采购发票长期未到或因发票丢失而无法销账的预付账款，应查清事实并提供情况说明，经批准后进行账务调整。该类事项会造成虚假的实物盘盈；或与"应付账款"重复列示，同时虚增资产和负债。

（6）如有确凿证据表明其不符合预付账款性质，或者因供货单位破产、撤销等原因已无望再收到所购货物的，应将原计入预付账款的金额转入其他应收款进行核算，并在清查明细表中进行说明。

（7）应收账款出现"负数"情况，应查明原因，进行账务调整。

（8）预付账款的清查由财务部门牵头，相关部门和人员配合，根据预付账款的性质、用途，清查工作要落实到经办部门和经办人员。

12. 应收股利如何清查？

应收股利是指集体经济组织应收取的现金股利和应收取其他单位分配的利润。清查的具体要求包括：

（1）核对截至资产清查基准日的应收股利（包括应收取的现金股利、应收取其他单位分配的利润等）的明细账、总账、会计凭证及会计报表余额，核对账账、账证、账表是否相符。

（2）按照投资协议、投资性质、预计投资期限、被投资单位报表、股东会（董事会）决议等，对于资产清查基准日前应收回的股利应加紧催收，及时入账。

（3）将应收股利中属于再投资性质的款项应调入"短期投资""长期股权投资""长期债权投资"等科目核算。

（4）清理应收股利中属于工程结算、销售货物、提供劳务等形成的往来款项，应转入"应收账款"科目核算；将属于应收利息性质的款项转入"应收利息"科目核算。

（5）对应收股利明细科目中，名称有问题或内容不明确的应认真清理，查明原因，做出相应账务调整。

（6）对长期挂账的应收股利应查明原因，并在清查登记表的相关事项说明栏中进行说明。

（7）核实应收股利的可收回性，有无"对方单位破产或者个人死亡的，以及破产财产或者遗产清偿后仍无法收回，或者对方单位长期未履行偿债义务"的情况，对这些情况所形成的原因及采取的措施，需在清查登记表的相关事项说明栏中进行说明。

（8）检查应收股利是否属于潜亏挂账的款项。如有，应当进行账务调整。

（9）对于应收股利应该采取发函询证的方法进行对账，并关注未回函或回函不符的情况，在清查登记表的相关事项说明栏中做出相应记录。

（10）应收股利的清查由财务部门牵头，投资部门等相关部门和其他人员配合。

13. 应收利息如何清查？

应收利息是指集体经济组织因债权投资而应收取的利息。集体经济组织购入到期还本付息的长期债券应收的利息，应在"长期债权投资"中清查。清查的具体要求包括：

（1）核对截至资产清查基准日的应收利息（包括应收的分期付息、到期还本的债券投资利息；其他分期付息的长期债权投资利息；但不包括到期一次性还本付息的债券投资利息）的明细账、总账、会计凭证及会计报余额，核对账账、账证、账表是否相符。

（2）按照借款协议、借款意向及债务人信用，对于资产清查基准日前应收回的利息应加紧催收,及时入账。

(3) 清理应收利息中属于工程结算、销售货物、提供劳务等形成的往来款项,应转入"应收账款"科目核算。

(4) 对"应收利息"科目的明细科目中,名称有问题或内容不明确的应认真清理,查找真实原因,调整账簿或在清查登记表的相关事项说明栏中说明。

(5) 对于外部应收利息应该采取发函询证的方法进行对账,并关注回函不符的情况,做出相应记录。

(6) 核实应收利息的可收回性,有无"对方单位破产或者死亡的,以及破产财产或者遗产清偿后仍无法收回,或者对方单位长期未履行偿债义务"的情况,对这些情况所形成的原因及采取的措施需在清查登记表的相关事项说明栏中进行说明。

(7) 对长期挂账的应收利息应查明原因,并在清查登记表的相关事项说明栏中进行说明。

(8) 关注检查应收利息是否属于实质为潜亏挂账的款项。如有,应当进行账务调整。

(9) 将应收利息中属于股权投资性质的收益,调整计入"应收股利""长期股权投资"等科目核算。

(10) 应收利息的清查由财务部门牵头,相关部门配合,根据应收利息的性质、用途,清查工作要落实到经办部门和经办人员。

14. 其他应收款如何清查?

其他应收款是指集体经济组织除应收账款、预付账款、应收股利、应收利息等以外的其他各种应收及暂付款项。清查的具体要求包括:

(1) 核对截至资产清查基准日其他应收款的明细账、总账、会计凭证及会计报表余额,并核对账账、账证、账表是否相符。

（2）对该科目中属于投资性质的款项，应调入"短期投资""长期股权投资""长期债权投资"等科目核算。

（3）清理其他应收款科目中属于工程结算、销售货物、提供劳务等形成的往来款项，应转入"应收账款"科目核算。

（4）同一债务人因业务往来欠款、还款滚动发生情况下，运用"先欠款，先偿还"的账龄分析原则，分析其他应收款余额的账龄构成，检查其他应收款的账龄分析结果是否正确。

（5）对于外部其他应收款项应该采取发函询证的方法进行对账，并关注未回函或回函不符的情况，做出相应记录。

（6）根据账龄分析，对长期挂账的其他应收款应查明原因，并在清查登记表的相关事项说明栏中进行说明。

（7）关注检查其他应收款是否属于实质为潜亏挂账的款项。潜亏挂账一般是指支出的现金已经流出，该支出已经取得支出凭据，或虽未取得支出凭据但预计该支出在基准日后不会给单位带来任何现金流入，或该支出的受益期已经结束，但未列入损益的项目。

（8）核实其他应收款的可收回性，有无"对方单位破产或者死亡的，以及破产财产或者遗产清偿后仍无法收回，或者对方单位长期未履行偿债义务的"情况，对这些情况所形成的原因及采取的措施需在清查登记表中进行备注说明。

（9）根据既定的会计政策检查坏账准备的计算是否正确。

（10）对非记账本位币结算的其他应收款，检查其采用的折算汇率是否正确。

（11）各单位应对各内部组织机构的备用金进行清理，要根据财务挂账的备用金数额整理实际发生的费用金额和现存的现金金额。对资产清查基准日前已转化成票据或费用发票的备用金及时进行账务处理，对已发生费用但未取得发票单据的，应敦促职工尽快取得并报账，把剩余的备用金交回财务。

（12）其他应收款出现"负数"情况，应查明原因，进行账务调整。

（13）对"其他应收款"科目的明细科目中，名称有问题或内容不明确的，应认真清理、查找原因，调整账簿或在清查登记表的相关事项说明栏中进行说明。

（14）其他应收款的清查由财务部门牵头，相关部门配合，根据其他应收款的性质、用途，清查工作要落实到经办部门和经办人员。

15. 存货如何清查？

根据集体经济组织（企业、单位）经营业务范围不同，存货的类型存在很大差异。一般来说，集体经济组织存货的清查包括原材料（种子、化肥、饲料、农药等）、在途物资、库存商品、发出商品、商品进销差价、委托加工物资、农产品、除牲畜（禽）和林木资产外的消耗性生物资产等。存货清查的具体要求包括：

（1）核对截至资产清查基准日的存货，包括：在途物资、原材料（原料及主要材料、包装材料、辅助材料、外购半成品、备品备件、修理用备件、种子、饲料、肥料、农药、燃料等）、库存商品、发出商品、商品进销差价、委托加工物资、农产品、消耗性生物资产［大田作物、蔬菜等，但不包括牲畜（禽）资产和林木资产］明细账、总账、会计凭证及会计报表的存货余额，并核对账账、账证、账表是否相符。

（2）对资产清查基准日前已销售和发出的存货，应及时、全面地进行成本结转，保证存货的真实性及销售、工程、产品成本的准确性。此事项不清理，容易造成实物虚假盘亏。

（3）对投资性质的存货，应调整至"长期股权投资"等科目核算。

（4）对施工生产过程中多次使用的周转材料，应按一贯性原则进行摊销，对已报废但未摊销完的周转材料余额，符合损失条件的，取得相关证据并核准后做损失处理；对未足额摊销的应进行调整，以保证周转材料的真实性及成本的完整性。

（5）在资产清查基准日前已发生、而尚未结转的工程施工、工业生产的相关费用（人工费、材料费、机械使用费、其他直接费、间接费等），财务部门与经营（生产）部门应进行认真清理，保证未完施工、在产品账面数与尚未办理结算的工程及产品形象进度相匹配。

（6）对按月结算的完工项目，应按月结转已完工工程、产品的实际成本；采用竣工后一次性结算或分段结算工程价款的，按合同确定的结算期结转已完工工程成本，确保收入与成本相配比，防止高留低转或多转成本。

（7）财务部门明细账余额与仓库管理员明细登记卡片余额进行核对，与经营（生产）部门未结算量进行核对，核实是否账卡、账实相符。如存在不符，应该立即查明原因。

（8）对存货进行全面实地盘点：

①确定清查盘点日，制定妥善、周密的盘点方案，全面清查、盘点存货，核实存货类别、物资名称、规格型号、计量单位、存放地点、保管员姓名、实际数量等信息。保管员必须在场并参加盘点工作。

②盘点前，整理存货的堆放，核对清查盘点日仓库实物卡片是否与财务明细账金额之间存在差异。

③在盘点过程中，应采用以账对物、以物核账的双向核对的方法进行盘点。

④在实物盘点过程中，需同时关注存货的状态，如存在积压、毁损、待报废的情况，应做好相关的情况记录，并查明原因，按照有关规定和程序妥善处理。

⑤确定盘点日存货实际数量以及其中的积压、毁损、待报废存货的实际数量后，应根据有关项目在清查基准日至清查盘点日之间所有增减变动的会计记录进行倒轧，确定清查基准日存货的实物数

量以及其中积压、毁损、待报废存货的实际数量。

16. 牲畜（禽）资产如何清查？

牲畜（禽）资产是指集体经济组织购入或培育的牲畜（禽）的成本。清查的具体要求包括：

（1）核对截至资产清查基准日的牲畜（禽）资产，包括在"生产性生物资产""消耗性生物资产"科目中核算的集体经济组织购入、培育或营造的牲畜（禽）资产。检查牲畜（禽）资产明细账、总账、会计凭证及会计报表余额，并核对账账、账证、账表是否相符。

（2）是否区分为消耗性生物资产、生产性生物资产，包括有无区分产畜、役畜和育肥畜，其初始成本的确认和后续支出的账务处理是否正确。

（3）清查核实牲畜（禽）资产账面数与实际数是否相符，查清牲畜（禽）资产的品种、计量单位、数量、金额、饲养地点、饲养员姓名、生长阶段，以及伤残、死亡等情况。

（4）牲畜（禽）资产的盘点：

①确定清查盘点日。根据牲畜（禽）资产生物特性及饲养习惯制定妥善、周密的盘点方案，全面清查、盘点存货，核实牲畜（禽）资产的品种、计量单位、数量、金额、饲养地点、饲养员姓名、生长阶段，以及伤残、死亡等情况。

②清查采取实地盘点方法，饲养员必须在场并参与盘点工作。

③盘点前，应根据饲养员的掌握情况将牲畜（禽）进行区分，包括：养殖区域、牲畜（禽）品种、牲畜（禽）生长期等因素。

④在盘点过程中，应采用以账对牲畜（禽）、以牲畜（禽）核账的双向核对的方法盘点。

⑤在牲畜（禽）盘点过程中，需同时关注牲畜（禽）的状态，

如存在伤残、疾病、死亡的情况，应做好相关的情况记录，并查明原因，按照有关规定和程序妥善处理。

⑥确定盘点日牲畜（禽）实际数量以及其中的伤残、疾病、死亡牲畜（禽）的实际数量后，应根据有关项目，在清查基准日至清查盘点日之间所有增减变动的会计记录进行倒轧，确定清查基准日牲畜（禽）的实际数量以及其中伤残、疾病、死亡牲畜（禽）的实际数量。

⑦对有伤残、疾病、死亡的牲畜（禽）或账实不符的，要查明原因，按照有关规定和程序妥善处理。

17. 林木资产如何清查？

林木资产是指集体经济组织购入或营造的林木的成本。清查的具体要求包括：

（1）核对截至资产清查基准日的林木资产，包括在"生产性生物资产""消耗性生物资产"科目中核算的集体经济组织购入、培育或营造的林木资产。检查林木资产的明细账、总账、会计凭证及会计报表构成的林木资产余额，并核对账账、账证、账表是否相符。

（2）清查核实林木资产的账面数与实际数是否相符，查清林木的品种、胸径、计量单位、数量、金额、种植地点、管理员姓名、生长阶段，以及折断、拔蔸倒伏、断尾、枯死等情况。

（3）关注林木资产账面余额是否正确，包括有无区分经济林、非经济林核算；是否将经济林按投产前和投产后分别核算，是否将非经济林按郁闭前和郁闭后分别核算。其初始成本的确认和后续支出的账务处理是否正确。

（4）林木资产的盘点：

①确定清查盘点日。根据林木资产的生物特性、种植地点的分

布情况及计量单位制定妥善、周密的盘点方案,全面清查、盘点存货,核实林木的品种、胸径、计量单位、数量、金额、种植地点、管理员姓名、生长阶段,以及折断、拔蔸倒伏、断尾、枯死等情况。

②清查采取实地盘点方法,管理员必须在场并参与盘点工作。

③在盘点过程中,应采用以账对林木资产、以林木资产核账的双向核对的方法盘点。

④在林木资产盘点过程中,需同时关注林木资产的生长状态,如存在折断、拔蔸倒伏、断尾、枯死等情况,应做好相关的情况记录,并查明原因,按照有关规定和程序妥善处理。

⑤确定盘点日林木资产的实际数量以及其中的折断、拔蔸倒伏、断尾、枯死的林木资产的实际数量后,应根据有关项目在清查基准日至清查盘点日之间所有增减变动的会计记录进行倒轧,确定清查基准日林木资产的实际数量以及其中折断、拔蔸倒伏、断尾、枯死的林木资产的实际数量。

⑥对有折断、拔蔸倒伏、断尾、枯死的林木资产或账实不符的,要查明原因,按照有关规定和程序妥善处理。

18. 长期股权投资如何清查?

长期股权投资是指集体经济组织对被投资单位的不准备在1年内(不含1年)变现的权益性投资,包括对农民专业合作社、企业等的投资。清查的具体要求包括:

(1)检查截至资产清查基准日的长期股权投资的各明细账与总账、会计凭证及会计报表余额,并核对其账账、账证、账表是否相符。

(2)清查核对长期股权投资账面数与实际数是否相符,采取面询、函证等方式,将长期股权投资明细账与投资合同或协议、记录凭证、审批文件、投资有关权益证书等与投资对象逐一进行核对，取得书面核对凭证，查清长期股权投资的投资对象（项目）、投资时间、投资期限、投资形式、出资方式、金额、利润分配形式、利润分配金额、应收股息、应收未收利润或分红等。

（3）借助网络工商信息查询核对相关投资信息，核实各项投资的合同、协议、章程及有关部门的批准文件，确认拥有的实际股权，必要时进行投资成本和股权比例的函证。

（4）取得并核对所有被投资单位（包括尚未入账的被投资单位）的投资协议或合同、验资报告、公司章程、营业执照及已审计的会计报表等资料和文件。

（5）按照会计政策的规定，确定长期股权投资按权益法还是成本法核算。

（6）将尚未纳入单位对外投资核算的对外投资，按照有关投资协议或合同及验资报告调整入账，并按权益法或成本法对会计报表进行追溯调整至资产清查基准日。

（7）对存在会计差错的长期股权投资，如应按权益法核算而采用成本法的、应按成本法核算而采用权益法的，在基准日前应将其作为会计差错进行调整。

（8）对在往来账中挂账的长期股权投资项目也应予以调整并从实际投资之日起按照成本法或权益法进行核算。

（9）在"长期股权投资"科目中挂账，但在经营活动或法律意义上未实际进行投资的项目，应进行账务调整。

（10）投资单位在最初进行投资的长期投资金额（投资成本）与子公司的实收资本出现不一致的情况，应按照有关投资协议合同及验资报告等相关法律性文件确定投资额。

（11）对短期性投资转为长期投资的情况，应当按照会计政策的规定进行相应账务调整。

（12）检查是否存在持有的股权已提供质押或受到其他约束的情况。如存在，应在清查登记表中进行备注说明。

19. 长期债权投资如何清查？

长期债权投资是指集体经济组织购入的在 1 年内（不含 1 年）不能变现或不准备随时变现的债券和其他债权投资。清查的具体要求包括：

（1）检查截至资产清查基准日的长期债权投资（包括国库券、国债、地方债券、各种特种债券等）的明细账、总账、会计凭证及会计报表余额，并核对其账账、账证、账表是否相符。

（2）清查核对长期债权投资账面数与实际数是否相符，采取面询、函证等方式，将长期债权投资明细账与投资合同或协议、记录凭证、审批文件、投资有关权益证书等与投资对象逐一进行核对，取得书面核对凭证，查清长期债权投资的投资对象（项目）、投资时间、投资期限、投资形式、出资方式、金额、利息分配形式、利息分配金额、应收利息、应收未收利息等。

（3）核实各项债权投资的合同、协议、章程及有关部门的批准文件，确认拥有的实际债权，必要时进行函证。

（4）将尚未纳入单位对外投资核算的对外债权投资，按照有关投资协议或合同调整入账，在遵循会计信息可比性的前提下，按票面利率法或实际利率法对会计报表进行追溯调整至资产清查基准日。

（5）对存在会计差错的长期债权投资，在基准日前应将其作为会计差错进行调整。

（6）对在往来账中挂账的长期债权投资项目也应予以调整并从实际投资之日起，在遵循会计信息可比性的前提下，按票面利率法或实际利率法进行核算。

（7）在"长期债权投资"科目中挂账，但在经营活动或法律意义上未实际进行投资的项目，应进行账务调整。

（8）盘点库存有价证券，并编制盘点表，确定其所有权权属。

（9）检查是否存在债权投资已提供质押到其他约束的情况，如存在，应在清查登记表中进行备注说明。

20. 固定资产如何清查？

固定资产是指集体经济组织为生产产品、提供劳务、出租或者经营管理而持有、使用时间超过12个月、价值达到一定标准的非货币性资产。具体包括房屋、建筑物、机器设备、工具器具、农业基础设施、农村集体所属水务工程设施等。对固定资产的清查，要按照固定资产用途，区分为经营性固定资产和非经营性固定资产进行清查核实并分别编制清查登记表。清查的具体要求包括：

（1）检查截至资产清查基准日的固定资产卡片、总账、会计凭证及会计报表余额，核对其账账、账证、账表是否相符。

（2）清查过程中，要关注固定资产的名称、构建时间或购置时间、坐落地或置放位置、规格型号、使用情况（包括：自用、闲置、淘汰、报废、毁损、丢失、被盗、盘盈、盘亏等）、数量或建筑面积、固定资产原值、累计折旧、固定资产净值等。

（3）核对有关固定资产的产权证明与明细账和固定资产卡片是否一致，对有产权证而未登记的，或已登记而无产权证明的固定资产应查明原因，对遗漏或有错误的应予以重新登记。

（4）对出租的固定资产，由出租方负责清查，并与承租方进行核对；对租入的固定资产，要与出租方核对，并进行账外备查登记。

（5）核对固定资产的实际使用年限与明细账或固定资产卡片的使用年限是否一致，发现不一致的，应查明原因重新登记，影响折旧额计算的应重新计算并调整。

（6）固定资产的盘点：

①在固定资产盘点过程中，应采用以账对物、以物核账的核对方法盘点实物资产，并在盘点中同时粘贴固定资产标签，以便核对，对固定资产卡片中固定资产信息不全或存在错误的，要根据清

查结果进行修改、完善。

②在固定资产盘点过程中，需同时关注固定资产的状态，对于实际价值与账面价值相背离而形成损失的，如存在闲置、淘汰、报废、毁损、丢失、被盗等情况，应在清查登记表中备注说明。

（7）对没有登记入账的固定资产，要将清查结果登记入账。对清查出盘盈、盘亏的固定资产，要查明原因，提出处理意见，并按规定程序申报处置。

（8）各类设备的清查由集体经济组织设备管理部门负责，财务部门配合；房屋建筑物、土地等不动产的清查由行政、后勤、物业等部门负责，财务部门配合。

（9）对累计折旧的清查，主要由财务部门负责，设备管理、行政、后勤、物业等部门配合。

（10）集体经济组织资产管理部门配合财务部门检查房屋产权证、车辆行驶证证明等权属证明文件，明确固定资产的产权归属，对于权属不清的固定资产需及时补办相关手续或专门提供依据上报。对产权无法确定或存在争议的应做好必要的调查工作，取得相关资料，作为待界定资产单独列示。

21. 固定资产清理如何清查？

固定资产清理包括集体经济组织因出售、报废、毁损、对外投资等原因转出的固定资产价值以及在清理过程中发生的费用。对固定资产清理的清查，要按照被清理的固定资产实际情况区分为经营性固定资产清理和非经营性固定资产清理，进行清查核实和编制清查明细表。清查的具体要求包括：

（1）检查截至资产清查基准日的固定资产清理明细账、总账、会计凭证及会计报表余额，并核对账账、账证、账表是否相符。

（2）清查过程中，要关注待处理固定资产的名称、清理时间、坐落地或置放位置、规格型号、金额等。

（3）清理过程中应关注固定资产、累计折旧等的账面转入额是否正确。

（4）由各相关部门提供固定资产清理的相关资料，检查固定资产清理的原因（出售、报废或毁损等）及有关技术部门鉴定并授权批准的情况。

（5）检查有无长期挂账的固定资产清理余额。如有，应查明原因，在清查明细表中进行备注说明。

（6）关注固定资产清理余额为"负数"的情况，查明"负数"原因，进行账务调整。

（7）清查过程中盘盈的房屋建筑、大型机器设备等固定资产应进行价值评估，按评估后价值调整入账。

22. 在建工程如何清查？

在建工程是指集体经济组织新建、改建、扩建，或技术改造、设备更新和大修理工程等尚未完工的工程支出，包括尚未完工或虽已完工但尚未办理竣工财务决算的工程项目，基建和更新改造的工程项目等。在建工程的清查，要按照在建工程用途，区分经营性在建工程和非经营性在建工程进行清查，分别编制清查登记表。清查的具体要求包括：

（1）检查截至资产清查基准日的明细账、总账、在建工程台账、会计凭证及会计报表的在建工程余额，核对其账账、账证、账表是否相符。

（2）清查过程中，要关注在建工程的名称、承建单位、坐落位置、开工时间、预计完工时间、完工进度（%）、投资概算、建筑面积、已投资金额等因素。

（3）对于使用财政资金的基本建设，竣工财务决算要严格执行

《基本建设财务规则》。

（4）清查核对在建工程明细账与银行存款、库存物资、"一事一议"资金等相关记录是否相符。

（5）清查核实人员应会同建设部门逐项实地观察工程项目，确定在建工程的实际完工程度（形象进度）：

①在实地观察过程中，需同时关注在建工程的状态，如存在在建工程减值情况，需要取得相关证据并作为预计资产损失上报；

②对实地观察情况进行整理（考虑清查日至基准日之间的变化），确定实物资产的毁损等事项；

③对于各项在建工程出现的毁损等状况须提供有关详细依据，作为申报在建工程清查损失的附件上报。

（6）对于重要的建设项目，取得有关工程项目的预算总额及建设批准文件、施工承包合同、现场监理施工进度报告等业务资料，以详细了解工程状况，清查资产的完整性。

（7）对在建工程存在的贷方余额问题，应查明原因，进行相关调整。

23. 无形资产如何清查？

无形资产是指集体经济组织所拥有或者控制的没有实物形态的可辨认非货币性资产。具体包括各项专利权、商标权、非专利技术、著作权、特许权等。清查的具体要求包括：

（1）核对截至资产清查基准日的无形资产，纳入账内核算的无形资产明细账、总账、会计凭证及会计报表余额，并核对账账、账证、账表是否相符。

（2）清查过程中，要关注无形资产的名称、取得方式、取得时间、预计使用年限、出租或出借情况（对象、期限、租金）、闲置情况、账面原值、累计摊销、账面净值等因素。

（3）对各项专利、非专利技术、商誉、著作权等进行全面登记，并取得相关证明、协议和相关资料，核实无形资产的相关权属。

（4）对符合无形资产条件并能够准确确定价值的应调整入账；对不能准确确定价值的应做好备查登记工作。

（5）检查研发支出各项目的归集方法和标准是否符合会计政策和有关规定，如不正确应该自行进行调整。

（6）是否存在某研发项目的支出已经实际发生，但由于其他不可抗因素造成研发项目无法最终形成无形资产，却在"无形资产"科目内挂账的情况。

（7）关注是否存在某项无形资产已经被其他新技术所代替或已经超过法律保护的期限，丧失使用价值和转让价值，不能再带来经济利益，即该无资产成为无效资产，但其账面存在尚未摊销的余额，实质形成损失挂账的情况。

（8）清查过程中盘盈的无形资产应进行价值评估，以评估价值调整入账。

24. 长期待摊费用如何清查？

长期待摊费用是指集体经济组织已经发生且摊销期限在1年以上（不含1年）的各项费用。包括固定资产修理支出、租入固定资产的改良支出以及摊销期限在1年以上的其他待摊费用。清查的具体要求包括：

（1）检查截至资产清查基准日的长期待摊费用明细账、总账、会计凭证及会计报表余额，核对其账账、账实、账表是否相符。

（2）对于本年度正常的待摊费用在基准日前应正常摊销，并及时进行账务处理。

（3）检查有无不属于长期待摊费用性质的会计事项。如有，应查明原因并做出记录，在清查明细表中进行说明。如存在潜亏挂账的情况，在取得相关证据和按规定程序核准后，做损失处理。

25. 短期借款如何清查？

短期借款是指集体经济组织向银行或其他金融机构等借入的期限在 1 年以下（含 1 年）的各种借款。清查的具体要求包括：

（1）检查截至资产清查基准日的短期借款［包括从银行、信用社等金融机构借入的期限在 1 年以下（含 1 年）的各种借款］明细账、总账、会计凭证、会计报表余额，核对其账账、账证、账表是否相符。

（2）所有借款须取得合同、借款凭据，或由债权人、债务人双方签订确认书。查清债权人、借款本金、利息率、借款期限、借款用途、借款起止时间及审批人等情况。

（3）检查借款合同、协议及授权批准或其他有关资料和收款凭证，确认其真实性，并与会计记录核对。

（4）检查本期各项借款的用途及偿还情况，核对会计记录和原始凭证。

（5）检查借款利息的计提和支出情况，是否依照借款合同如期如约计提或支付利息费用。

（6）检查期末有无到期未偿还的借款，是否办理了延期手续或根据情况转入"长期借款""其他应付款"等科目。如能办妥展期，亦应调整相应短期借款账簿记录。

（7）对于非记账本位币的短期借款，检查其采用的折算汇率是否正确。应关注取得的已贴现商业承兑汇票，是否存在到期日在资产清查基准日前且对方无法承兑、贴现银行将贴现款转为本企业贷款的事项。若有，应及时进行账务处理，增加"应收账款""短期借款"科目。

26. 应付账款如何清查？

应付账款是指集体经济组织因购买材料、商品和接受劳务等经营活动而应支付给供应商的款项。清查的具体要求包括：

（1）核对截至资产清查基准日的应付账款明细账、总账、会计凭证、会计报表余额，核对账账、账证、账表是否相符。

（2）查清债权人、债务成因、债务用途、产生时间及审批人等情况，并在清查登记明细表中准确、完整填列。

（3）清理应付账款中是否存在不属于购买材料、商品、接受劳务等经营活动产生的往来款项，若有，应转入"其他应付款"核算。

（4）对于已经采购货物（或固定资产）、接受劳务而未将相应实物资产或费用入账，应及时确认存货或费用并挂往来账，否则容易低估负债，也易造成实物虚假盘盈。

（5）清理"预付账款"中是否有与"应付账款"挂同一明细科目的情况。若属于同一债权人、同一性质经济业务形成的款项，应进行重分类调整，以避免资产与负债同时虚增。

（6）采取面询、函证等方式逐一与债权人进行核对，取得书面核对凭证，确定账面记录是否正确、完整，是否记录于恰当的会计期间。

（7）结合存货盘点，检查在清查基准日是否有大额货物已到而发票未到的情况，是否存在未入账的应付账款。

（8）若应付账款出现"负数"情况，应查明原因，进行账务调整。

27. 预收款项如何清查？

预收款项是指集体经济组织按照合同规定预收客户的款项。清查的具体要求包括：

（1）检查截至资产清查基准日的预收账款明细账、总账、会计凭证、会计报表余额，核对其账账、账证、账表是否相符。

（2）查清债权人、债务成因、债务用途、产生时间及审批人等情况，并在清查登记明细表中准确、完整填列。

（3）对超过1年的预收账款进行清理，交易已中断或无法执行产生遗留的预收账款应转入"其他应付款"核算。

（4）对时间较长，因未及时开具发票而挂预收账款的，应查清事实并写明情况后，在基准日前进行账务调整。该类事项会少计"收入"及相应"应交税费"、虚增"存货"，造成虚假的实物盘亏等。

（5）清理"预收账款"中是否有与"应收账款"挂同一明细科目的情况，若属于同一债权人、同一性质经济业务形成的款项，应进行重分类调整，以避免资产与负债同时虚增。

（6）检查预收账款有关的工程、销售合同、结算及仓库发货记录，检查已实现收入是否及时转销预收账款，确保预收账款期末余额的正确性和合理性。

（7）检查预收账款是否存在借方余额。如存在，应根据情况确定是否进行相应的账务调整。

（8）检查预收账款长期挂账的原因，是否存在收入挂账的情况，如存在应进行账务调整。

（9）对税法规定应予纳税的预收账款，结合应交税费项目，检查是否及时、足额计缴有关税费。

（10）采取面询、函证等方式逐一与债权人进行核对，取得书面核对凭证，确定账面记录是否正确、完整，是否记录于恰当的会计期间。

（11）若预收账款出现"负数"情况，应查明原因，进行账务调整。

28. 应付工资如何清查？

由于北京市农村集体经济组织执行的是《北京市村合作经济组织会计制度实施细则》，用"应付职工薪酬"科目取代了"应付工资"及"应付福利费"科目。因此，应付工资的清查应根据"应付职工薪酬"科目中除"福利""非货币性福利"以外的其他内容进行，并填报"北京市农村集体资产清查报表"。清查的具体要求包括：

（1）清查时应注意区分应付工资和应付福利费获取的不同信息，便于编制清查登记表。

（2）清查核对集体经济组织及所属企业应付给其管理人员及其他固定员工的报酬，按照确定的工资标准，核对应付工资账面余额和工资表记录是否相符，查清领取工资人员的数量、姓名、金额等。

（3）应区分本年度和以前年度拖欠的工资，检查是否存在"应付职工薪酬"借方余额或长期挂账的贷方余额。如存在，应查明原因，在清查登记表中备注说明。

29. 应付福利费如何清查？

由于北京市农村集体经济组织执行的是《北京市村合作经济组织会计制度实施细则》，该细则用"应付职工薪酬"科目取代了"应付工资"及"应付福利费"科目，本次清查中，应付福利费的清查应根据"应付职工薪酬"科目中"福利""非货币性福利"等内容进行，并填报"北京市农村集体资产清查报表"。清查具体要求包括：

（1）清查时应注意区分应付工资和应付福利费获取的不同信息，便于编制清查登记表。

(2) 应根据"应付职工薪酬"科目中"福利"及"非货币性福利"等内容,查清应付福利费账面余额、借贷方向及使用项目、受益对象、支付时间等。

(3) 检查是否存在"应付福利费"借方余额或长期挂账的贷方余额。如存在,应查明原因,在清查登记表"其他事项"中说明。

30. 应交税费如何清查?

应交税费是指集体经济组织按照税收法律法规规定计算应交纳的各种税费,包括应交增值税、消费税、所得税、资源税、土地增值税、城市维护建设税、房产税、土地使用税、车船使用税、印花税、教育费附加等。清查的具体要求包括:

(1) 检查截至资产清查基准日的应交税费明细账、总账、会计凭证、会计报表余额,核对其账账、账证、账表是否相符。

(2) 对于基准日应确认的收入应及时确认,相应增加"应交税费"及其附加税费。

(3) 核对资产清查基准日应交税费与税务机关的认定数是否一致。

(4) 取得税务部门汇算清缴或其他确认文件(若有)、有关政府部门的专项检查报告(若有)、税务代理机构专业报告(若有)、企业纳税申报表等有关资料,并与上述明细表及账面情况进行核对。

31. 应付利息如何清查?

应付利息是指集体经济组织按照合同约定应支付的利息,包括分期付息到期还本的长期借款、发行债券等应支付的利息。清查的具体要求包括:

(1) 检查截至资产清查基准日的应付利息明细账、总账、会计凭证、会计报表余额，核对其账账、账证、账表是否相符。

（2）按照借款协议、借款用途，对于基准日前应付利息应及时入账。

（3）清理"应付利息"科目中属于工程结算、销售货物、提供劳务等形成的往来款项，应转入"应付账款"科目核算。

（4）清理"应付利息"科目中属于其他应付款的款项，转入"其他应付款"科目核算。

（5）对长期挂账的应付利息应查明原因，并在清查明细表中进行说明。

（6）对"应付利息"科目的明细科目中，名称有问题或内容不明确的应认真清理。

（7）应付利息的清查由财务部门牵头，相关部门配合，根据应付利息的性质、用途，清查工作要落实到经办部门和经办人员。

32. 应付股利如何清查？

应付股利是指集体经济组织应分配给投资方的现金股利或利润。清查的具体要求包括：

（1）检查截至资产清查基准日的应付股利明细账、总账、会计凭证、会计报表余额，核对其账账、账证、账表是否相符。

（2）按照投资协议、股东会（董事会）决议等，对于资产清查基准日前应付股利应及时入账。

（3）对于应付股利应该取得公司章程、投资协议、实收资本到位情况、股东会（董事会）决议等，做出相应计算和记录。

（4）将"应付股利"科目中属于再投资等情况的款项调入"实收资本"或"资本公积"等科目核算。

（5）对"应付股利"科目中名称有问题或内容不明确的应认真清理。

（6）对长期挂账的应付股利应查明原因，并在清查登记表中进行备注说明。

（7）核实应付股利是否属于不需支付或转为再投资的情况，对这些情况所形成的原因及采取的措施需在清查登记表中进行说明，应进行账务调整的情况根据相应证据进行账务调整。

（8）清理"应付股利"科目中属于其他应付款的款项，转入"其他应付款"科目核算。

（9）应付股利的清查由财务部门牵头，相关部门配合，清查工作要落实到经办部门和经办人员。

33. 其他应付款如何清查？

其他应付款是指集体经济组织除应付账款、预收账款、应付职工薪酬、应付利息、应交税费、长期应付款等以外的其他各项应付、暂收的款项。清查的具体要求包括：

（1）检查截至资产清查基准日的其他应付款的明细账、总账、会计凭证、会计报表构成的其他应付款余额，核对其账账、账证、账表是否相符。

（2）清理该科目中属于采购货物、接受劳务而形成的往来款项，转入"应付账款"核算。

（3）对"其他应付款"科目的明细科目中，名称有问题或内容不明确的应认真清理。属于潜盈部分应做调整，根据情况增加本年度或以前年度的营业外收入。

（4）对于"其他应付款"科目中与其他应收款中重复挂账的款项，应调整相应明细账，避免虚增资产与负债。

（5）检查是否存在未及时入账的其他应付款或收益性质挂账的其他应付款。如存在，应该调整账务。

（6）检查长期挂账的其他应付款及实际原因，对于确实无法付出的其他应付款，应根据情况调整账务。

（7）若其他应付款出现"负数"情况，应查明原因，进行账务调整。

34. 递延收益如何清查？

递延收益是指集体经济组织确认的应在以后期间计入当期损益的政府补助、一次性收取需分期确认收入的承包租赁收入等。清查的具体要求包括：

（1）核对递延收益科目各明细与总账、会计报表是否相符。

（2）按照政府补助的文件资料，核对递延收益的入账价值是否正确，与之相关的资产使用寿命是否合理（即递延收益的摊销期是否恰当），每期确认的损益是否正确。

（3）根据承包租赁收入协议或合同，确认递延收益的初始入账价值是否正确，是否都在承包租赁期内正确地结转收入。

（4）关注是否存在长期挂账的递延收益，对于与资产无关或超承包租赁期的未结转递延收益，应根据情况调整账务。

35. 长期借款如何清查？

长期借款是指集体经济组织向银行或其他金融机构借入的期限在1年以上（不含1年）的各项借款。清查的具体要求包括：

（1）检查截至资产清查基准日的长期借款［包括从银行、信用社等金融机构借入的期限在1年以上（不含1年）的各种借款］明细账、总账、会计凭证、会计报表余额，核对其账账、账证、账表是否相符。

（2）所有借款须取得合同、借款凭据，或由债权人、债务人双方签订确认书。查清债权人、借款本金、利息率、借款期限、借款用途、借款起止时间及审批人等情况。

（3）检查本期借款项目的借款合同、协议、贷款证（IC卡）及授权批准或其他有关资料和收款凭证，确认其真实性，并与会计记录核对。

（4）检查本期各项借款的偿还情况，并将期末借款余额与银行凭证核对是否相符。

（5）检查期末有无到期未偿还的长期借款，逾期借款是否办理延期手续。

（6）清理资产清查基准日逾期的长期借款，根据情况转入"其他应付款"等科目。如能办妥展期，亦应调整相应长期借款账簿记录。

（7）检查借款利息的计提和支出情况，是否依照借款合同如期如约计提或支付利息费用。

36. 长期应付款如何清查？

长期应付款是指集体经济组织除长期借款以外的其他各种长期应付款项，包括应付融资租入固定资产的租赁费、以分期付款方式购入固定资产等发生的应付款项等。清查的具体要求包括：

（1）检查截至资产清查基准日的长期应付款明细账、总账、会计凭证、会计报表余额，核对其账账、账证、账表是否相符。

（2）审阅融资租赁的授权批准手续是否齐全。

（3）向债权人函证重大的长期应付款。

（4）复核融资租赁应计利息的计算是否准确，会计处理是否正确，如有差错应予以调整。

（5）检查1年内到期的长期应付款是否已列入流动负债。

（6）检查各项长期应付款相关的契约，有无抵押情况。对融资租赁固定资产应付款，还应审阅融资租赁合约规定的付款条件是否履行，检查授权批准手续是否齐全。

37. "一事一议"资金如何清查?

"一事一议"资金清查应根据涉及该项资产的负债类相关科目进行清查。核对集体经济组织兴办生产公益事业等按"一事一议"形式筹集的专项资金的使用、结余情况等。

(1) 获取"一事一议"资金审批文件或资金拨付清单。

(2) 检查"一事一议"资金是否在议定的资金使用范围内使用。

(3) 检查"一事一议"资金会计核算是否规范。

(4) 检查"一事一议"资金审批流程是否符合资金支付使用的规定。

(5) 检查"一事一议"结余资金是否需要上缴财政。

38. 专项应付款如何清查?

专项应付款是指集体经济组织取得政府部门投入的具有专项或特定用途的款项,不包括政府部门拨入的补助资金。清查的具体要求包括:

(1) 检查截至资产清查基准日的专项应付款(包括取得的政府部门投入的具有专项或特定用途的款项,主要是政府部门的资本性投入;征地补偿费、国家财政专项资金等)明细账、总账、会计凭证、会计报表余额,核对其账账、账证、账表是否相符。专项应付款余额中不包括政府部门拨入的补助资金。

(2) 获取政府拨款的文件资料,核对专项应付款的初始入账价值是否正确,检查专项应付款的后续支出是否符合文件的使用范围。

(3) 查清专项应付款的拨款单位、拨款用途、拨入时间、具体使用情况、征地补偿费、已使用金额等情况。

（4）检查政府的资本性投入形成的资产情况，及是否计入"实收资本"或"股本"科目，其中形成的溢价是否计入了"资本公积"科目。

39. 实收资本（股本）如何清查？

实收资本（股本）是指集体经济组织（或企业）接受投资者投入并实际收到的资本（股本）金。也指投资者作为资本投入集体经济组织中的各种资产的价值。清查的具体要求包括：

（1）检查截至资产清查基准日的实收资本（包括投资者投入的资本、资本公积转增的资本、原生产队积累折股股金及农业合作化时期社员入社时的股份基金）明细账、总账、会计凭证、会计报表余额，核对其账账、账证、账表是否相符。

（2）按照资本明细账余额向前追溯，对于记载清晰的，通过公示、问询和函证等方式，与投资人进行核对，取得书面核对凭证。

（3）清查出实收资本明细账记录与实际投资人不符时，要经当事人签字认可，成员（代表）大会表决通过后，据实调整资本明细账。

（4）对投资单位撤销的，要将投资单位投入资本转为本集体资本，依据相关证明材料调整资本明细账。

（5）对投资人死亡且有继承人的，将其投入资本转给其继承人；对投资人死亡且无继承人的，将其投入资本转为本集体资本，依据相关证明材料调整资本明细账。

（6）对农业合作化时期社员入社股份基金，有条件的可以进行深入查清。

（7）查清资本账面余额，对于记载不清的，可暂时将本集体经济组织列为投资人，记入本集体名下。

40. 资本公积如何清查？

资本公积是指集体经济组织收到投资者出资超过其在注册资本或股本中所占份额，作为资本溢价或股本溢价的部分；以及收到土地补偿费中按规定用于扶持集体经济组织成员发展家庭经营外的集体积累部分等形成的资本公积。清查的具体要求包括：

（1）检查截至资产清查基准日的资本公积明细账、总账、会计凭证、会计报表余额，核对其账账、账证、账表是否相符。

（2）按照资本公积明细账余额向前追溯，核实其余额是否正确，来源及变更事项是否合法、合规，归属是否恰当。

（3）根据资本公积明细账，结合资产、负债及资本账目调整，查清资本公积账面余额是否准确。

41. 盈余公积如何清查？

盈余公积是指集体经济组织从净利润中提取的盈余公积。清查的具体要求包括：

（1）检查截至资产清查基准日的盈余公积明细账、总账、会计凭证、会计报表余额，核对其账账、账证、账表是否相符。

（2）清查核对集体经济组织从收益中提取的和其他来源取得的盈余公积是否准确。

42. 未分配利润如何清查？

未分配利润是指集体经济组织历年分配（或弥补亏损）后的余额。清查的具体要求包括：

（1）检查截至资产清查基准日的未分配利润明细账、总账、会计凭证、会计报表余额，核对其账账、账证、账表是否相符。

（2）清查核对集体经济组织历年分配后的结存余额，根据收益分配明细账，结合资产、负债及资本账目调整，查清未分配利润余额是否准确。

43. 待界定资产如何清查？

待界定资产是指由于特定的历史原因等，导致产权难以界定的集体资产。对于集体所有权有争议的，除法律法规已有规定的外，应当协商解决，协商不成的，可以仲裁或经司法程序以明确产权。对待界定资产，应当逐类逐项清理。本次资产清查中，待界定资产不纳入资产清查集体资产总额，但应当在资产负债表中以附报的方式列报。

44. 资源性资产如何清查？

资源性资产主要包括农民集体所有的土地、森林、山岭、草原、荒地、滩涂；以及公益林、商品林等。清查的具体要求包括：

（1）资源性资产中的土地清查要按照农用地、建设用地和未利用地分类进行；"四荒"地、待界定用地、公益林、商品林清查核实后作为附报数据单独上报。

①农用地指集体所有的耕地、园地、林地、草地、农田水利设施用地（沟渠）、养殖水面（坑塘水面）、其他农用地等。

第一，耕地，指种植农作物的土地。主要包括种植水稻、莲藕等水生农作物的水田；有水源保证和灌溉设施，用于种植旱生农作物（含蔬菜）的水浇地，包括种植蔬菜的非工厂化的大棚用地；以及无灌溉设施，主要靠天然降水种植旱生农作物的旱地。

第二，园地，指种植以采集果、叶、根、茎、汁等为主的集约经营的多年生木本和草本作物的土地。主要包括果园、茶园、橡胶园，以及种植桑树、可可、咖啡、油棕、胡椒、药材等其他多年生作物的园地。

第三，林地，指生长乔木、竹类、灌木的土地，及沿海生长红树林的土地。主要包括乔木林地、竹林地、红树林地、森林沼泽、灌木林地、灌丛沼泽和疏林地、未成林地、苗圃等其他林地。

第四，草地，指生长草本植物为主的土地。主要包括天然牧草地、沼泽草地、人工草地、其他草地。

第五，农田水利设施用地（沟渠），指人工修建、南方宽度大于等于1.0米、北方宽度大于等于2.0米，用于引、排、灌的渠道。主要包括渠槽、渠堤、护堤林及小型泵站用地。

第六，养殖水面（坑塘水面），指人工开挖或天然形成的蓄水量小于10万立方米的坑塘常水位岸线所围成的水面。

第七，其他农用地，指除耕地、园地、林地、草地、农田水利设施用地（沟渠）、养殖水面（坑塘水面）以外的农用地。

②建设用地包括工矿仓储用地、商服用地、农村宅基地、公共管理与公共服务用地、交通运输和水利设施用地、其他建设用地等。

第一，工矿仓储用地，指集体经济组织用于工业生产、物资存放的土地。主要包括工业用地、采矿用地、盐田和仓储用地。

第二，商服用地，指集体经济组织用于商业、服务业的土地。主要包括零售商业用地、批发市场用地、餐饮用地、旅馆用地、商务金融用地、娱乐用地和其他商服用地。

第三，农村宅基地（面积），指农民集体所有的用于生活居住的宅基地（面积）。主要是指农户宅基地的宗地面积，而不是农民房屋占地面积、建筑面积。已开发利用面积不包括农户自用的宅基地。

第四，公共管理与公共服务用地，指集体经济组织用于机关团体、新闻出版、科教文卫、公共设施等的土地。主要包括公用设施、图书室、体育场馆、养老院、老年活动中心、公园与绿地。

第五，交通运输和水利设施用地，交通运输用地指集体经济组织用于运输通行的地面线路、场站等的土地，主要包括村庄范围内交通服务设施用地、农村道路、机场用地、港口码头用地和管道运输用地等；水利设施用地指集体经济组织人工修建的闸、坝、堤路林、水电厂房、扬水站等水位岸线以上的建（构）筑物用地。

第六，其他建设用地，指集体经济组织除工矿仓储用地、商服用地、农村宅基地、公共管理与公共服务用地、交通运输和水利设施用地以外的建设用地，主要包括：用于经营牲畜禽养殖生产设施用地；用于作物栽培或水产养殖等农产品生产的设施及附属设施用地；用于设施农业项目辅助生产的设施用地；晾晒场、粮食果品烘干设施、农资临时存放场所、大型农机具临时存放场所等规模化粮食生产所必需的配套设施用地等。

③未利用地，指除农用地、建设用地以外的农村集体土地。主要包括其他草地、河流水面、湖泊水面、沿海滩涂、内陆滩涂、沼泽地、冰川及永久积雪、盐碱地、沙地、裸土地、裸岩石砾地等。

④"四荒"地，指农村集体所有的荒山、荒沟、荒丘、荒滩等土地。

⑤待界定土地：指农村集体土地与国有土地所有权有争议、协商不成，权属难以界定的农用地、建设用地、未利用地。

⑥林木：指农村集体所有的公益林、商品林。

（2）资源性资产清查一般不确认价值，但需要关注资源类型、总面积、未承包到户的面积（包括：集体自主经营的面积、年收益；出租经营的面积、承租人、起止时间、年租金；其他经营方式的面积、年收益）、已承包到户的面积（包括：流转入集体统一经营的面积、年收益）、已开发利用的面积（包括：集体自主经营的面积、年收益；出租经营的面积、承租人、起止时间、年租金；对外投资的面积、投资对象、起止时间、年收益；其他经营方式的面积、年收益）等。

（3）资源性资产清查要与农村集体土地确权登记发证、农村土地承包经营权确权登记颁证、集体林权确权登记颁证、草原确权登记颁证等不动产登记、自然资源确权登记工作相衔接，充分利用已有登记成果、森林资源档案等，减少和避免重复劳动。

第三部分 资产清查报表的填报

45. "货币资金清查登记表"如何填报?

本表反映货币资金清查前后的变动情况。本表填报日期为资产清查登记基准日,如20××年12月31日。本表根据"库存现金""银行存款""其他货币资金"明细科目填写。检查是否存在资金缺失、呆账、账外私设"小金库"等情况;如有,要在"相关事项说明"栏中填写。核实数=账面数+清查核实增加-清查核实减少。表内勾稽关系:(8)=(5)+(6)-(7)。

【案例1】某村集体经济组织2020年12月31日现金日记账余额10 800元,2021年1月5日收到农户张某交来果树承包费1 000元,2021年1月10日支付村办公楼电费600元,假设没有其他现金收支业务。

2021年1月31日开展资产清查工作,当日现金日记账余额11 200元,盘点库存现金为10 200元,盘亏现金1 000元。经清查核实,盘亏原因系黄出纳2020年度工作失误致现金多支付1 000元。现金盘亏事项经集体经济组织成员(代表)大会讨论,决定由黄出纳承担赔偿1 000元现金损失,并报乡经管站审核同意,予以核减现金。账务处理如下:

借:其他应收款——黄出纳　　　　　　　　　1 000
　　贷:现金　　　　　　　　　　　　　　　　　1 000

则现金清查核实如下:

账面余额=10 800 元

倒轧至清查基准日账面数=清查时点账面余额+清查基准日至清查时点减少数-清查基准日至清查时点增加数=11 200+600-1 000=10 800（元）

清查核实增加=0

清查核实减少=1 000 元

核实数=账面数+清查核实增加-清查核实减少

　　　＝10 800+0-1 000

　　　＝9 800（元）

【案例2】 某村集体经济组织截至2020年12月31日，银行存款日记账余额100 000元，2021年1月17日收到某公司房屋租金30 000元，2021年1月22日支付村办公楼水费9 000元，假设没有其他银行存款收支，2021年1月31日银行存款日记账余额121 000元。

2020年1月31日开展资产清查工作，对银行存款进行清查。经清查核实，2021年1月31日银行存款实有121 000元。则银行存款清查核实如下：

账面余额=100 000 元

倒轧至清查基准日账面数=清查时点账面数+清查基准日至清查时点减少数-清查基准日至清查时点增加数=121 000-30 000+9 000=100 000（元）

清查核实增加=0

清查核实减少=0

核实数=账面数+清查核实增加-清查核实减少

　　　＝100 000+0-0

　　　＝100 000（元）

见表格"京农清明细01"。

货币资金清查登记表

___乡镇（街）___村（居）___组/___企业　2020年12月31日

京农清明细01

单位：元

编号	资金类别 (1)	存放地点 (2)	开户行 (3)	账号 (4)	账面数 (5)	清查核实 增加+ (6)	清查核实 减少- (7)	核实数 (8)	备注 (9)
1	现金	财务室			10 800.00		1 000.00	9 800.00	现金盘亏
2									
3	银行存款		××银行××支行	××××××××	100 000.00			100 000.00	
4									
5	其他货币资金								
6									
	合计				110 800.00		1 000.00	109 800.00	

出纳员（签章）：

监盘人（签章）：

财务主管人（签章）：

资产清查工作小组负责人（签章）：

相关事项说明：

现金短缺1 000.00元系出纳多支付所致，经集体经济组织成员（代表）大会讨论决定由黄出纳赔偿。

填表人：

46. "短期投资清查登记表"如何填报？

本表反映短期投资清查前后的变动情况。本表可根据"短期投资"等明细科目填写。清查核实中发生的增加或减少情况，要在"备注"中填写增加（减少）原因。检查是否存在投资对象灭失、不明、无法收回、未入账等情况；如有，要在"相关事项说明"中列明情况。核实数＝账面数＋清查核实增加－清查核实减少。表内勾稽关系：(4)＝(5)＋(6);(9)＝(4)＋(7)－(8)。

【案例】某村集体经济组织2020年12月31日短期投资账面余额140 000元，包括2020年5月5日购买的1年期国债50 000元、2020年7月22日购入的某银行无固定期可随时赎回收益率为3%的理财产品50 000元、2020年1月9日以货币资金购入某P2P基金40 000元。

2021年1月1日至1月31日未发生增加或减少短期投资事项，2021年1月31日短期投资账面余额140 000元。

2021年1月31日开展资产清查工作，对短期投资进行全面核实，发现2021年1月31日短期投资实有100 000元。

清查发现如下情况并进行相关账务处理：

2020年1月9日以货币资金购入某P2P基金40 000元，经核实该基金公司已破产倒闭导致投资全部损失，经集体经济组织成员（代表）大会讨论，并报乡经管站批准同意，予以核销。账务处理如下：

借：未分配利润　　　　　　　　　　　　　40 000
　　贷：短期投资　　　　　　　　　　　　　　40 000

则短期投资清查核实如下：

账面余额＝140 000元

清查核实增加＝0

清查核实减少＝40 000元

核实数 = 账面数 + 清查核实增加 − 清查核实减少
   = 140 000 + 0 − 40 000
   = 100 000（元）

见表格"京农清明细02"。

第三部分 资产清查报表的填报

短期投资清查登记表

_____乡镇(街)_____村(居)_____组/_____企业 2020年12月31日

京农清明细02
单位：元

编号	投资对象	投资时间	投资期限	账面数 合计	出资形式 货币资金	出资形式 实物折价	清查核实 增加+	清查核实 减少-	核实数	备注
	(1)	(2)	(3)	(4)	(5)	(6)	(7)	(8)	(9)	(10)
1	国债	2020年5月5日	1年期	50 000.00	50 000.00				50 000.00	
2	银行理财	2020年7月22日	随时回购	50 000.00	50 000.00				50 000.00	
3	某P2P基金	2020年1月9日	无期限	40 000.00	40 000.00			40 000.00	0.00	基金公司破产倒闭致投资失败
4										
5										
6										
7										
8										
9										
合计	—	—	—	140 000.00	140 000.00			40 000.00	100 000.00	—

相关事项说明：

填表人：　　　　　　　　　　　　资产清查工作小组负责人（签章）：

47. "应收账款清查登记表"如何填报？

本表反映应收账款清查前后的变动情况。本表应根据"应收账款""预收账款"明细科目借方账面余额数分析填写。核实数＝账面数＋清查核实增加－清查核实减少。清查核实中发生的增加或减少情况，要在"备注"中填写增加（减少）原因。债务人发生死亡、灭失、不明、未入账等情况，要在"相关事项说明"中列明情况。表内勾稽关系：（8）＝（5）＋（6）－（7）。

【案例】截至 2020 年 12 月 31 日，某村集体经济组织应收账款余额 185 400 元，具体明细如下：

（1）村民张某欠货款 10 000 元，2015 年 9 月已经到期，至今未收回。

（2）金唐公司欠物业管理费 50 000 元，2018 年 12 月已经到期，至今未收回。

（3）热处理厂欠电费 50 000 元，2018 年 7 月已经到期，至今未收回。

（4）辛庄村欠设备租赁费 10 000 元，2017 年 10 月已经到期，至今未收回。

（5）村民刘某、马某、白某等 10 位村民欠拆迁周转用房卫生环境费 40 000 元，至今未收回。

（6）快捷物流公司欠房屋租金 25 400 元，2019 年 3 月已经到期，至今未收回。

2020 年 12 月 31 日至 2021 年 1 月 31 日无新增应收账款业务，2021 年 1 月 31 日应收账款账面余额 185 400 元。

2021 年 1 月 31 日，对应收账款清查核实，通过函证发现以下事项：

（1）村民张某因病亡故，家庭困难所欠货款 10 000 元，已无力偿还。

（2）刘某、马某、白某等 10 位村民所欠拆迁周转用房卫生环境费应由村集体经济组织统一负担。

前述两事项经集体经济组织成员（代表）大会讨论，并报乡经管站审核同意，予以核销。账务处理如下：

借：未分配利润　　　　　　　　　　　　　50 000
　　贷：应收账款——张某　　　　　　　　10 000
　　　　应收账款——刘某等（卫生费）　　40 000

则应收账款清查核实如下：

账面余额 = 185 400 元

清查核实增加 = 0

清查核实减少 = 10 000 + 40 000 = 50 000（元）

核实数 = 账面数 + 清查核实增加 - 清查核实减少
　　　 = 185 400 + 0 - 50 000
　　　 = 135 400（元）

见表格"京农清明细 03 - 1"。

应收账款清查登记表

___乡镇（街）___村（居）___组/___企业 2020年12月31日

京农清明细03-1
单位：元

编号	债务人	形成原因	到期时间	审批人	账面数	清查核实 增加+	清查核实 减少-	核实数	备注
(1)	(2)	(3)	(4)	(5)	(6)	(7)	(8)	(9)
1	张某	贷款	2015年9月		10 000.00		10 000.00	0.00	债务人死亡且无力偿还
2	金唐公司	物业费	2018年12月		50 000.00			50 000.00	
3	热处理厂	电费	2018年7月		50 000.00			50 000.00	
4	辛庄村	设备租赁费	2017年10月		10 000.00			10 000.00	
5	刘某等10位村民	周转房卫生费	无		40 000.00		40 000.00	0.00	应由集体经济组织负担
6	快捷物流	房租	2019年3月		25 400.00			25 400.00	
7									
8									
9									
合计	—	—	—	—	185 400.00		50 000.00	135 400.00	—

相关事项说明：

填表人：   资产清查工作小组负责人（签章）：

48. "预付账款清查登记表"如何填报？

本表反映预付账款清查前后的变动情况。本表应根据"应付账款""预付账款"明细科目借方账面余额数分析填写。核实数＝账面数＋清查核实增加－清查核实减少。清查核实中发生的增加或减少情况，要在"备注"中填写增加（减少）原因。债务人发生死亡、灭失、不明、未入账等情况，要在"相关事项说明"中列明情况。表内勾稽关系：（8）＝（5）＋（6）－（7）。

【案例】截至 2020 年 12 月 31 日，某村集体经济组织预付款账面余额 850 000 元，具体明细如下：

（1）预付北京××塑钢门窗公司货款 100 000 元，2018 年 6 月已经到期，至今未结算。

（2）预付金房子建筑公司工程款 500 000 元，2018 年 12 月已经到期，至今未结算。

（3）预付北京×××电力工程有限公司工程款 200 000 元，2018 年 7 月已经到期，至今未结算。

（4）预付××电网公司电费 50 000 元，2019 年 12 月已经到期，至今未结算。

2020 年 12 月 31 日至 2021 年 1 月 31 日无新增预付账款业务，2021 年 1 月 31 日账面余额 850 000 元。

2021 年 1 月 31 日对预付账款进行函证清查核实，发现北京××塑钢门窗公司已于 2018 年 12 月进行公司解散清算，并注销公司登记，预付的 100 000 元货款无法收回。经集体经济组织成员（代表）大会讨论，并报乡经管站审核同意，予以核销。账务处理如下：

借：未分配利润　　　　　　　　　　　　　　100 000
　　贷：预付账款——北京××塑钢门窗公司　　100 000

则预付账款清查核实如下：

账面余额 = 850 000 元
清查核实增加 = 0
清查核实减少 = 100 000 元
核实数 = 账面数 + 清查核实增加 − 清查核实减少
　　　 = 850 000 + 0 − 100 000
　　　 = 750 000（元）
见表格"京农清明细 03 − 2"。

预付账款清查登记表

京农清明细03－2

___乡镇（街）___村（居）___组/___企业　　2020年12月31日　　单位：元

编号	债务人	形成原因	到期时间	审批人	账面数	清查核实 增加＋	清查核实 减少－	核实数	备注
	(1)	(2)	(3)	(4)	(5)	(6)	(7)	(8)	(9)
1	北京××塑钢门窗公司	购门窗货款	2018年6月		100 000.00		100 000.00	0.00	债务方已解散清算，无法收回债权
2	金房子建筑公司	预付工程款	2018年12月		500 000.00			500 000.00	
3	北京××电力工程有限公司	预付工程款	2018年7月		200 000.00			200 000.00	
4	××电网公司	预付电费	2019年12月		50 000.00			50 000.00	
5									
6									
7									
8									
合计	—	—	—	—	850 000.00		100 000.00	750 000.00	—

相关事项说明：

填表人：　　　　　　　　　　　　　　　　　　资产清查工作小组负责人（签章）：

49. "应收股利清查登记表"如何填报?

本表反映应收股利清查前后的变动情况。本表应根据"应收股利"明细科目账面数填写。核实数 = 账面数 + 清查核实增加 − 清查核实减少。清查核实中发生的增加或减少情况,要在"备注"中填写增加(减少)原因。被投资企业注销、吊销,不能持续经营或未按规定入账等情况,要在"相关事项说明"中列明情况。表内勾稽关系:(8) = (5) + (6) − (7)。

见表格"京农清明细03 − 3"。

应收股利清查登记表

___乡镇（街）___村（居）___组/___企业 2020年12月31日

京农清明细03-3
单位：元

编号	债务人	形成原因	到期时间	审批人	账面数	清查核实 增加+	清查核实 减少-	核实数	备注
	(1)	(2)	(3)	(4)	(5)	(6)	(7)	(8)	(9)
1									
2									
3									
4									
5									
6									
7									
8									
9									
合计	—	—	—	—					—

相关事项说明：

填表人： 资产清查工作小组负责人（签章）：

50. "应收利息清查登记表"如何填报?

本表反映应收利息清查前后的变动情况。本表应根据"应收利息"明细科目账面数填写。核实数＝账面数＋清查核实增加－清查核实减少。清查核实中发生的增加或减少情况,要在"备注"中填写增加(减少)原因。债务人发生死亡、灭失、不明、未入账等情况,要在"相关事项说明"中列明情况。表内勾稽关系:(8)=(5)+(6)-(7)。

见表格"京农清明细03－4"。

第三部分 资产清查报表的填报

应收利息清查登记表

京农清明细03-4

乡镇（街）_____ 村（居）_____ 组/_____ 企业_____ 2020年12月31日　　单位：元

编号	债务人	形成原因	到期时间	审批人	账面数	清查核实 增加+	清查核实 减少-	核实数	备注
	(1)	(2)	(3)	(4)	(5)	(6)	(7)	(8)	(9)
1									
2									
3									
4									
5									
6									
7									
8									
9									
合计	—	—	—	—					—

相关事项说明：

填表人：　　　　　　　　　　　　　　资产清查工作小组负责人（签章）：

51. "其他应收款清查登记表"如何填报?

本表反映其他应收款项清查前后的变动情况。本表应根据"其他应收款""其他应付款"明细科目借方账面余额分析填写。核实数＝账面数＋清查核实增加－清查核实减少。清查核实中发生的增加或减少情况，要在"备注"中填写增加（减少）原因。债务人发生死亡、灭失、不明、未入账等情况，要在"相关事项说明"中列明情况。表内勾稽关系：（8）＝（5）＋（6）－（7）。

【案例】截至 2020 年 12 月 31 日，某村集体经济组织的其他应收款账面余额为 741 400 元，具体明细如下：

（1）村民王某借生活费 10 000 元，2018 年 9 月已经到期，至今未收回。

（2）张家坳村借款 50 000 元，2018 年 12 月已经到期，至今未收回。

（3）乡农工商公司借款 500 000 元，2018 年 7 月已经到期，至今未收回。

（4）××新视野科技公司设备租赁押金 10 000 元，2019 年 10 月已经到期，至今未收回。

（5）村民龚某、郑某、黎某等 10 位村民预借拆迁补偿款 146 000元，至今未收回。

（6）运输公司往来款 25 400 元，2019 年 3 月已经到期，至今未收回。

2020 年 12 月 31 日至 2021 年 1 月 31 日无新增应收账款业务。2021 年 1 月 31 日，对应收账款进行清查核实，发现以下事项：

（1）村民王某于 2020 年 7 月 18 日因病亡故，家庭困难所欠款 10 000 元，已无力偿还。

（2）运输公司已于 2019 年 1 月 12 日宣告破产倒闭，并注销公司登记，已无力偿还债务。

上述两事项经集体经济组织成员（代表）大会讨论，并报乡经管站审核同意，予以核销。账务处理如下：

借：未分配利润　　　　　　　　　　　　35 400
　　贷：其他应收款——王某　　　　　　10 000
　　　　其他应收款——运输公司　　　　25 400

则其他应收款清查核实如下：

账面余额＝741 400 元

清查核实增加＝1 000 元

清查核实减少＝10 000＋25 400＝35 400（元）

核实数＝账面数＋清查核实增加－清查核实减少

　　　　＝741 400＋1 000－35 400

　　　　＝707 000（元）

见表格"京农清明细03－5"。

其他应收款清查登记表

___乡镇（街）___村（居）___组/___企业　　2020年12月31日

京农清明细03-5
单位：元

编号	债务人(1)	形成原因(2)	到期时间(3)	审批人(4)	账面数(5)	清查核实 增加+(6)	清查核实 减少-(7)	核实数(8)	备注(9)
1	王某	借生活费	2018年9月		10 000.00		10 000.00	0.00	债务人死亡且无力偿还
2	张家坳村	借款	2018年12月		50 000.00			50 000.00	
3	乡农工商公司	借款	2018年7月		500 000.00			500 000.00	
4	××新视野科技公司	设备租赁押金	2019年10月		10 000.00			10 000.00	
5	龚某、郑某、黎某等10位村民	借拆迁补偿款	无		146 000.00			146 000.00	债务人破产倒闭，且无力偿还
6	运输公司	佳米款	2019年3月		25 400.00		25 400.00	0.00	
7	黄出纳	现金短缺赔款				1 000.00		1 000.00	现金短缺损失赔偿
8									
	合计	—	—	—	741 400.00	1 000.00	35 400.00	707 000.00	

相关事项说明：现金短缺损失1 000.00元，经集体经济组织成员（代表）大会决议由黄出纳负责赔偿

填表人：　　　　　　　　　　　　　　　　　　　　　资产清查工作小组负责人（签章）：

52. "原材料清查登记表"如何填报?

本表反映原材料清查前后的变动情况。本表根据"原材料"明细科目或内容填列。"盘盈"指账面未登记的原材料(按现值填写),即有物无账;"盘亏"指账面已登记原材料灭失(按账面值填写),即有账无物。核实数=账面数+清查核实盘盈-清查核实盘亏。"盘盈""盘亏"等情况,要在"备注"中填写盘盈(亏)原因。表内勾稽关系:(13)=(7)+(9)-(11);(14)=(8)+(10)-(12)。

【案例】2021年1月31日某村集体经济组织非独立核算的村办食品加工厂对原材料进行清查。2020年12月31日原材料账面余额80 460元,其中:五常2号粳米5吨,金额36 000元;早籼米5吨,金额13 000元;高筋面粉80袋,金额11 560元;中筋面粉200袋,金额19 900元。2021年1月1日至1月31日无购入和领用原材料。2021年1月31日原材料账面余额80 460元,2021年1月31日对原材料进行实地盘点清查,未发现盘盈、盘亏事项。则原材料清查核实情况如下:

账面余额=80 460元

核实数=账面数+清查核实盘盈数-清查核实盘亏数
　　　　=80 460+0-0
　　　　=80 460(元)

见表格"京农清明细04-1"。

原材料清查登记表

_____乡镇（街）　_____村（居）　_____组/企业　　2020年12月31日

京农清明细04-1
单位：元、个、台、千克等

编号	类别	物资名称	规格型号	计量单位	存放地点	保管员姓名	账面数 数量	账面数 金额	清查核实 盘盈+ 数量	清查核实 盘盈+ 金额	清查核实 盘亏- 数量	清查核实 盘亏- 金额	核实数 数量	核实数 金额	备注
(1)	(2)	(3)	(4)	(5)	(6)	(7)	(8)	(9)	(10)	(11)	(12)	(13)	(14)	(15)
1	原材料	粳米	五常2号	吨	1#库房	刘秀	5	36 000.00					5	36 000.00	
2	原材料	早籼米	香满园	吨	1#库房	刘秀	5	13 000.00					5	13 000.00	
3	原材料	高筋面粉	香满园	袋	2#库房	阳芳	80	11 560.00					80	11 560.00	
4	原材料	中筋面粉	香满园	袋	2#库房	阳芳	200	19 900.00					200	19 900.00	
5															
合计	—	—	—	—	—	—	—	80 460.00				—	—	80 460.00	—

相关情况说明：

资产清查工作小组负责人（签章）：

填表人：

53. "库存商品清查登记表"如何填报?

本表反映库存商品清查前后的变动情况。本表根据"库存商品"明细科目分析填列。"盘盈"指账面未登记的库存物资(按现值填写),即有物无账;"盘亏"指账面已登记库存商品灭失(按账面值填写),即有账无物。核实数 = 账面数 + 清查核实盘盈 - 清查核实盘亏。"盘盈""盘亏"等情况,要在"备注"中填写盘盈(亏)原因。表内勾稽关系:(13) = (7) + (9) - (11);(14) = (8) + (10) - (12)。

【案例】某村集体经济组织2020年12月31日库存商品账面余额20 000元。其中:大容量硒鼓20个,金额4 000元;西药100盒,金额15 000元;紫檀D调唢呐2个,金额1 000元。2021年1月16日售出大容量硒鼓5个,金额1 000元,除此外,2021年1月1日至1月31日无购入和领用库存商品。2021年1月31日库存商品账面余额19 000元。

2021年1月31日该村组织对库存商品进行实地盘点清查,发现以下事项:

(1)实盘紫檀D调唢呐4个,比账面记录多2个;

(2)购入成本12 000元的80盒西药已于2020年6月30日过期失效。

上述事项经该村集体经济组织成员(代表)大会讨论决定并报乡经管站审核批准:多出的2个紫檀D调唢呐按同品名商品购入价作价1 000元,确认为库存商品盘盈;西药80盒,按商品成本12 000元确认为盘亏损失。账务处理如下:

借:库存商品——唢呐　　　　　　　　　　1 000
　　贷:未分配利润　　　　　　　　　　　　1 000
借:未分配利润　　　　　　　　　　　　12 000
　　贷:库存商品——西药　　　　　　　　　12 000

则库存商品清查核实情况如下：

账面余额 = 20 000 元

倒轧至清查基准日账面数 = 清查时点账面数 + 清查基准日至清查时点减少数 − 清查基准日至清查时点增加数 = 19 000 + 1 000 − 0 = 20 000（元）

清查核实盘盈数 = 1 000 元

清查核实盘亏数 = 12 000 元

核实数 = 账面数 + 清查核实盘盈数 − 清查核实盘亏数
　　　 = 20 000 + 1000 − 12 000 = 9 000（元）

见表格"京农清明细04 − 2"。

库存商品清查登记表

乡镇（街）_____ 村（居）_____ 组/_____ 企业_____ 2020年12月31日

单位：元、个、台、千克等

京农清明细04-2

编号	类别	物资名称	规格型号	计量单位	存放地点	保管员姓名	账面数 数量	账面数 金额	清查核实 盘盈+ 数量	清查核实 盘盈+ 金额	清查核实 盘亏- 数量	清查核实 盘亏- 金额	核实数 数量	核实数 金额	备注
(1)		(2)	(3)	(4)	(5)	(6)	(7)	(8)	(9)	(10)	(11)	(12)	(13)	(14)	(15)
1	库存物资	大容量噬菌	—	个	库房	刘秀	20	4 000.00					20	4 000.00	
2	库存物资	西药	—	盒	医务室	李成	100	15 000.00			80	12 000.00	20	3 000.00	80盒已过期失效作盘亏处理
3	库存物资	紫檀D调唢呐	—	个	库房	刘秀	2	1 000.00	2	1 000.00			4	2 000.00	盘盈实物2个
4															
5															
	合计	—	—	—	—	—	—	20 000.00	—	1 000.00	—	12 000.00	—	9 000.00	—

相关情况说明：

资产清查工作小组负责人（签章）：

填表人：

54. "发出商品清查登记表"如何填报?

本表反映发出商品清查前后的变动情况。本表根据"发出商品"明细科目分析填列。"盘盈"指账面未登记的发出商品(按现值填写),即有物无账;"盘亏"指账面已登记发出商品灭失(按账面值填写),即有账无物。核实数=账面数+清查核实盘盈-清查核实盘亏。"盘盈""盘亏"等情况,要在"备注"中填写盘盈(亏)原因。表内勾稽关系:(13)=(7)+(9)-(11);(14)=(8)+(10)-(12)。

见表格"京农清明细04-3"。

第三部分　资产清查报表的填报

发出商品清查登记表

____乡镇（街）____村（居）____组/____企业　　2020年12月31日

京农清明细04-3

单位：元、个、台、千克等

编号	类别	物资名称	规格型号	计量单位	存放地点	保管员姓名	账面数		清查核实				核实数		备注
									盘盈＋		盘亏－				
							数量	金额	数量	金额	数量	金额	数量	金额	
	(1)	(2)	(3)	(4)	(5)	(6)	(7)	(8)	(9)	(10)	(11)	(12)	(13)	(14)	(15)
1															
2															
3															
4															
5															
合计	—	—	—	—	—	—							—	—	—

相关情况说明：

填表人：　　　　　　　　　　　　　资产清查工作小组负责人（签章）：

55. "在途商品清查登记表"如何填报？

本表反映在途商品清查前后的变动情况。本表根据"在途商品"明细科目分析填列。"盘盈"指账面未登记的在途商品（按现值填写），即有物无账；"盘亏"指账面已登记在途商品灭失（按账面值填写），即有账无物。核实数＝账面数＋清查核实盘盈－清查核实盘亏。"盘盈""盘亏"等情况，要在"备注"中填写盘盈（亏）原因。表内勾稽关系：（13）＝（7）＋（9）－（11）；（14）＝（8）＋（10）－（12）。

见表格"京农清明细04－4"。

第三部分 资产清查报表的填报

在途物资清查登记表

乡镇（街）_____ 村（居）_____ 组/_____ 企业_____

2020 年 12 月 31 日

京农清明细 04－4

单位：元、个、台、千克等

编号	类别	物资名称	规格型号	计量单位	存放地点	保管员姓名	账面数		清查核实				核实数		备注
							数量	金额	盘盈＋		盘亏－		数量	金额	
									数量	金额	数量	金额			
	(1)	(2)	(3)	(4)	(5)	(6)	(7)	(8)	(9)	(10)	(11)	(12)	(13)	(14)	(15)
1															
2															
3															
4															
5															
合计	—	—	—	—	—	—							—		—

相关情况说明：

填表人： 资产清查工作小组负责人（签章）：

56. "商品进销差价清查登记表"如何填报？

本表反映商品进销差价清查前后的变动情况。本表根据"商品进销差价"明细科目分析填列。"盘盈"指账面未登记的商品进销差价（按现值填写），即有物无账；"盘亏"指账面已登记商品进销差价灭失（按账面值填写），即有账无物。核实数＝账面数＋清查核实盘盈－清查核实盘亏。"盘盈""盘亏"等情况，要在"备注"中填写盘盈（亏）原因。表内勾稽关系：（13）＝（7）＋（9）－（11）；（14）＝（8）＋（10）－（12）。

见表格"京农清明细04－5"。

第三部分　资产清查报表的填报

商品进销差价清查登记表

农清明细04-5

___乡镇（街）___村（居）___组/___企业　　2020年12月31日　　单位：元、个、台、千克等

编号	类别	物资名称	规格型号	计量单位	存放地点	保管员姓名	账面数		清查核实				核实数		备注
									盘盈＋		盘亏－				
						数量	金额	数量	金额	数量	金额	数量	金额	
	(1)	(2)	(3)	(4)	(5)	(6)	(7)	(8)	(9)	(10)	(11)	(12)	(13)	(14)	(15)
1															
2															
3															
4															
5															
合计	—	—	—	—	—	—							—		—

相关情况说明：

资产清查工作小组负责人（签章）：

填表人：

57. "委托加工物资清查登记表"如何填报?

本表反映委托加工物资清查前后的变动情况。本表根据"委托加工物资"明细科目分析填列。"盘盈"指账面未登记的委托加工物资(按现值填写),即有物无账;"盘亏"指账面已登记委托加工物资灭失(按账面值填写),即有账无物。核实数=账面数+清查核实盘盈-清查核实盘亏。"盘盈""盘亏"等情况,要在"备注"中填写盘盈(亏)原因。表内勾稽关系:(13)=(7)+(9)-(11);(14)=(8)+(10)-(12)。

见表格"京农清明细04-6"。

委托加工物资清查登记表

___乡镇（街）___ ___村（居）___ ___组/___ ___企业___ 2020年12月31日

单位：元、个、台、千克等

京农清明细04-6

编号	类别	物资名称	规格型号	计量单位	存放地点	保管员姓名	账面数		清查核实				核实数		备注
							数量	金额	盘盈+		盘亏-		数量	金额	
									数量	金额	数量	金额			
	(1)	(2)	(3)	(4)	(5)	(6)	(7)	(8)	(9)	(10)	(11)	(12)	(13)	(14)	(15)
1															
2															
3															
4															
5															
合计			—	—	—	—							—		—

相关情况说明：

填表人：　　　　　　　　　　　　　　　　　　　资产清查工作小组负责人（签章）：

58. "农产品清查登记表"如何填报?

本表反映农产品清查前后的变动情况。本表根据"农产品"明细科目填列。"盘盈"指账面未登记的农产品(按现值填写),即有物无账;"盘亏"指账面已登记农产品灭失(按账面值填写),即有账无物。核实数 = 账面数 + 清查核实盘盈 - 清查核实盘亏。"盘盈""盘亏"等情况,要在"备注"中填写盘盈(亏)原因。表内勾稽关系:(13) = (7) + (9) - (11);(14) = (8) + (10) - (12)。

【案例】某村集体经济组织2020年12月31日农产品账面余额282 727.40元。其中:湘晚籼12号稻谷1.50吨,金额4 200元;中浙优8号稻谷2吨,金额5 920元;特级月光红茶6.80千克,金额114 532.40元;一级月光红茶12.50千克,金额158 075元。2021年1月16日售出特级红茶1.2千克,金额12 211.60元,除此之外,2021年1月1日至1月31日无其他新入库和出库农产品。2021年1月31日农产品账面余额270 515.80元。

2021年1月31日该村组织对农产品进行实地盘点清查,发现以下事项:

(1) 实盘一级红茶12.80千克,比账面记录多0.3千克;

(2) 2020年12月28日东库房地下水管爆裂,导致中浙优8号和湘晚籼12号稻谷分别毁损散失0.22吨、0.18吨,折合金额分别为651.20元、504.00元。

上述事项经该村集体经济组织成员(代表)大会讨论决定并报乡经管站审核批准:多出0.30千克红茶按同品名产品成本3 793.80元,作农产品盘盈处理;毁损稻谷0.40吨按稻谷成本1 155.20元确认为盘亏损失。账务处理如下:

  借:库存商品——一级红茶   3 793.80
    贷:未分配利润   3 793.80
  借:未分配利润   1 155.20

贷：农产品——中浙优 8 号稻谷 　　　　　651.20
　　　　——湘晚籼 12 号稻谷 　　　　　　504

则库存商品清查核实情况如下：

账面余额 = 282 727.40 元

倒轧至清查基准日账面数 = 清查时点账面数 + 清查基准日至清查时点减少数 − 清查基准日至清查时点增加数 = 270 515.80 + 12 211.60 − 0 = 282 727.40（元）

清查核实盘盈数 = 3 793.80 元

清查核实盘亏数 = 651.20 + 504.00 = 1 155.20（元）

核实数 = 账面数 + 清查核实盘盈数 − 清查核实盘亏数
　　　　= 282 727.40 + 3 793.80 − 1 155.20 = 285 366.00（元）

见表格"京农清明细 04 − 7"。

农产品清查登记表

___乡镇（街）　___村（居）　___组/___企业

2020年12月31日

单位：元、个、台、千克等

京农清明细04-7

编号	类别	物资名称	规格型号	计量单位	存放地点	保管员姓名	账面数		清查核实				核实数		备注
									盘盈+		盘亏-				
						数量	金额	数量	金额	数量	金额	数量	金额	
(1)		(2)	(3)	(4)	(5)	(6)	(7)	(8)	(9)	(10)	(11)	(12)	(13)	(14)	(15)
1	粮食类	晚籼稻	湘晚籼12号	吨	东库房	李平平	1.50	4 200.00			0.18	504.00	1.32	3 696.00	因水浸毁损0.18吨
2	粮食类	晚籼稻	中浙优8号	吨	东库房	李平平	2.00	5 920.00			0.22	651.20	1.78	5 268.80	因水浸毁损0.22吨
3	茶类	月光红红茶	特级	千克	西库房	汪良英	6.80	114 532.40					6.80	114 532.40	
4	茶类	月光红红茶	一级	千克	西库房	汪良英	12.50	158 075.00	0.30	3 793.80			12.80	161 868.80	清查盘盈
5															
合计	—	—	—	—	—	—	—	282 727.40	—	3 793.80	—	1 155.20	—	285 366.00	—

相关情况说明：

填表人：　　　　　　　　　　　　　　　资产清查工作小组负责人（签章）：

59. "消耗性生物资产〔牲(禽)、林木资产除外〕清查登记表"如何填报?

本表反映消耗性生物资产〔牲(禽)、林木资产除外〕清查前后的变动情况。本表根据"消耗性生物资产"明细科目剔除"牲畜(禽)、林木资产"后填列。"盘盈"指账面未登记的消耗性生物资产(按现值填写),即有物无账;"盘亏"指账面已登记消耗性生物资产灭失(按账面值填写),即有账无物。核实数=账面数+清查核实盘盈-清查核实盘亏。"盘盈""盘亏"等情况,要在"备注"中填写盘盈(亏)原因。表内勾稽关系:(13)=(7)+(9)-(11);(14)=(8)+(10)-(12)。

见表格"京农清明细04-8"。

消耗性生物资产[牲畜(禽)、林木资产除外]清查登记表

京农清明细04-8

____乡镇(街)____村(居)____组/____企业   2020年12月31日   单位：元、个、台、千克等

编号	类别	物资名称	规格型号	计量单位	存放地点	保管员姓名	账面数 数量	账面数 金额	清查核实 盘盈+ 数量	清查核实 盘盈+ 金额	清查核实 盘亏- 数量	清查核实 盘亏- 金额	核实数 数量	核实数 金额	备注
	(1)	(2)	(3)	(4)	(5)	(6)	(7)	(8)	(9)	(10)	(11)	(12)	(13)	(14)	(15)
1															
2															
3															
4															
5															
合计		—	—	—	—	—	—		—		—		—		—

相关情况说明：   资产清查工作小组负责人(签章)：

填表人：

60. "牲畜（禽）资产清查登记表"如何填报？

本表反映牲（禽）资产清查前后的变动情况。本表应根据"消耗性生物资产""生产性生物资产"等科目中牲畜（禽）资产内容填列。"盘盈"指账面未登记的牲畜（禽）资产（按现值填写），即有物无账；"盘亏"指账面已登记牲畜（禽）资产灭失（按账面值填写），即有账无物。核实数＝账面数（合计）＋清查核实盘盈－清查核实盘亏。"盘盈""盘亏"等情况，要在"备注"中填写盘盈（亏）原因。表内勾稽关系：（5）＝（7）＋（9）；（18）＝（5）＋（11）－（13）＋（15）－（17）。

【案例】某村集体经济组织2020年12月31日牲畜（禽）资产账面合计余额6 100元。其中：幼畜及育肥畜账面余额3 100元（包括育肥羊3只，金额1 500元；育肥鸡100只，金额1 600元）；产役畜账面余额3 000元（系劳役用的驴2头，金额3 000元）。

2021年1月18日购入耕地用成年水牛2头，金额18 000元。2021年1月31日牲畜（禽）资产账面余额24 100元。

2021年1月31日该村组织对牲畜（禽）资产进行实地盘点清查。经清查发现以下事项：

（1）饲养的羊死亡1只，账面价值500元，经集体经济组织成员（代表）大会讨论，报经乡经管站审核批准，确认损失。账务处理如下：

借：未分配利润　　　　　　　　　　　　　500
　　贷：牲畜（禽）资产——育肥畜——羊　　500

（2）盘盈成年驴1头，经评估价值1 500元，经集体经济组织成员（代表）大会讨论，报经乡经管站审核批准，予以确认。账务处理如下：

借：牲畜（禽）资产——产役畜——驴　　1 500
　　贷：未分配利润　　　　　　　　　　　　1 500

则牲畜（禽）资产清查核实情况如下：

账面余额（合计）= 6 100 元

倒轧至清查基准日账面数（合计）= 清查时点账面数(合计) + 清查基准日至清查时点减少数 – 清查基准日至清查时点增加数 = 24 100 + 0 – 18 000 = 6 100（元）

清查核实盘盈数 = 1 500 元

清查核实盘亏数 = 500 元

核实数 = 账面数（合计）+ 清查核实盘盈 – 清查核实盘亏
　　　 = 6 100 + 1 500 – 500 = 7 100（元）

见表格"京农清明细05"。

牲畜（禽）资产清查登记表

___乡镇（街）___ ___村（居）___ ___组 / ___企业 2020年12月31日

京农清明细05

单位：元、只、头等

编号	品种	计量单位	饲养地点	饲养员姓名	账面数 合计（金额）	账面数 幼畜及育肥畜（消耗性生物资产） 数量	账面数 幼畜及育肥畜（消耗性生物资产） 金额	账面数 产役畜（生产性生物资产） 数量	账面数 产役畜（生产性生物资产） 金额	清查核实 幼畜及育肥畜 盘盈+ 数量	清查核实 幼畜及育肥畜 盘盈+ 金额	清查核实 幼畜及育肥畜 盘亏- 数量	清查核实 幼畜及育肥畜 盘亏- 金额	清查核实 产役畜 盘盈+ 数量	清查核实 产役畜 盘盈+ 金额	清查核实 产役畜 盘亏- 数量	清查核实 产役畜 盘亏- 金额	核实数 金额	备注
(1)	(2)	(3)	(4)	(5)	(6)	(7)	(8)	(9)	(10)	(11)	(12)	(13)	(14)	(15)	(16)	(17)	(18)	(19)
1	羊	只	×村羊圈	李猛	1 500.00	3	1 500.00					1	500.00					1 000.00	死亡羊1只
2	驴	头	×村驴圈	李猛	3 000.00			2	3 000.00					1	1 500.00			4 500.00	盘盈驴1头
3	鸡	只	×村鸡圈	李猛	1 600.00	100	1 600.00											1 600.00	—
4																			
5																			
合计	—	—	—	—	6 100.00	—	3 100.00	—	3 000.00	—	—	—	500.00	—	1 500.00	—	—	7 100.00	—

相关事项说明：

资产清查工作小组负责人（签章）：

填表人：

61. "林木资产清查登记表"如何填报？

本表反映林木资产清查前后的变动情况。本表应根据"消耗性生物资产""生产性生物资产"等科目中林木资产内容填列。"盘盈"指账面未登记的林木资产（按现值填写），即有物无账；"盘亏"指账面已登记林木资产灭失（按账面值填写），即有账无物。核实数＝账面数（合计）＋清查核实盘盈－清查核实盘亏。"盘盈""盘亏"等情况，要在"备注"中填写盘盈（亏）原因。表内勾稽关系：（4）＝（6）＋（8）＋（10）＋（12）；（21）＝（4）＋（14）－（16）＋（18）－（20）。

【案例】某村集体经济组织2020年12月31日林木资产账面余额12 690元。其中：经济林木5 800元，包括投产前的板栗树8棵共计800元和2017年6月已投产的樱桃树10棵，账面净值（摊销后）500元/棵，计5 000元；非经济林木6 890元，系已郁闭的海棠树50棵共计6 890元。2021年1月1日至1月31日林木资产没有发生林木资产增减变动事项。2021年1月31日林木资产账面余额12 690元，其中：经济林木5 800元；非经济林木6 890元。

2021年1月31日该村组织对林木资产进行实地盘点清查。经清查核实发现如下事项：

（1）盘盈账外未投产板栗树20棵，评估确认按每棵作价100元入账。经集体经济组织成员（代表）大会讨论通过，并报乡经管站审核批准，予以列转资本公积入账。账务处理如下：

  借：林木资产——经济林木——板栗 2 000
    贷：资本公积 2 000

（2）2020年8月突发冰雹灾害，其中2棵价值1 000元的樱桃树被冰雹砸伤而死亡，经集体经济组织成员（代表）大会讨论通过，并报乡经管站审核批准，予以核销。账务处理如下：

  借：未分配利润 1 000

　　　　贷：林木资产——经济林木——樱桃树　　　　　1 000

　　（3）盘盈已郁闭的海棠树 15 棵，评估确认价值为 2 000 元。经集体经济组织成员（代表）大会讨论通过，并报乡经管站审核批准，予以计入资本公积。账务处理如下：

　　　　借：林木资产——非经济林木——海棠树　　　2 000
　　　　　　贷：资本公积　　　　　　　　　　　　　　2 000

经济林木资产清查核实如下：

账面余额 = 5 800 元

清查核实盘盈数 = 20 × 100 = 2 000（元）

清查核实盘亏数 = 1 000 元

核实数 = 账面数 + 清查核实盘盈数 - 清查核实盘亏数 = 5 800 + 2 000 - 1 000 = 6 800（元）

非经济林木资产清查核实情况如下：

账面数 = 6 890 元

核实数 = 账面数 + 清查核实盘盈 - 清查核实盘亏
　　　 = 6 890 + 2 000 - 0 = 8 890（元）

综上所述，林木资产清查情况如下：

账面合计数 = 5 800 + 6 890 = 12 690（元）

清查核实盘盈合计数 = 2 000 + 2 000 = 4 000（元）

清查核实盘亏合计数 = 1 000 + 0 = 1 000（元）

清查核实合计数 = 12 690 + 4 000 - 1 000 = 15 690（元）

见表格"京农清明细 06"。

林木资产清查登记表

2020年12月31日

____乡镇（街）____村（居）____组/____企业

京农清明细06
单位：元、棵等

编号	品种	生长地点	管理员姓名	账面数 合计		账面数 经济林木 投产前		账面数 经济林木 投产后		账面数 非经济林木 郁闭前		账面数 非经济林木 郁闭后		清查核实 经济林木 盘盈+		清查核实 经济林木 盘亏-		清查核实 非经济林木 盘盈+		清查核实 非经济林木 盘亏-		核实数	备注
				金额		数量	金额	数量	金额	数量	金额	数量	金额	数量	金额	数量	金额	数量	金额	数量	金额	
(1)	(2)	(3)		(4)		(5)	(6)	(7)	(8)	(9)	(10)	(11)	(12)	(13)	(14)	(15)	(16)	(17)	(18)	(19)	(20)	(21)	(22)
1	板栗	*	刘丽	800.00		8	800.00							20	2 000.00							2 800.00	账外20棵补入账
2	樱桃	*	刘丽	5 000.00				10	5 000.00							2	1 000.00					4 000.00	冰雹砸仿2棵死亡
3	海棠	*	刘丽	6 890.00								50	6 890.00					15	2 000.00			8 890.00	账外15棵补入账
4																							
5																							
合计	—	—	—	12 690.00		—	800.00	—	5 000.00	—	—	—	6 890.00	—	2 000.00	—	1 000.00	—	2 000.00	—	—	15 690.00	—

相关事项说明：

填表人： 资产清查工作小组负责人（签章）：

62. "长期股权投资清查登记表"如何填报？

本表反映长期股权投资清查前后的变动情况。本表应根据"长期股权投资"明细科目填列。"利润分配形式"指投资分配的办法，包括按股分红、定额分红等。账面数（合计）=货币资金出资+实物折价出资；核实数=账面数（合计）+清查核实增加－清查核实减少。增加或减少等情况，要在"备注"中填写增加（减少）原因。表内勾稽关系：（5）=（6）+（7）；（13）=（5）+（11）－（12）。

【案例】某村集体经济组织 2020 年 12 月 31 日长期股权投资明细账借方余额为 12 000 000 元，账面记录系村集体于 2016 年 3 月以集体土地使用权出资入股××汽配城。该村于 2021 年 1 月 20 日新增对蓝天幼儿园的长期股权投资 500 000 元。2021 年 1 月 31 日资产清查时长期股权投资账面余额为 12 500 000 元。

2021 年 1 月 31 日该村组织对长期股权投资进行清查，未发生清查核实增加或减少事项。

长期股权投资清查结果如下：

账面余额 = 12 000 000 元

倒轧至清查基准日账面数 = 清查时点账面数 + 清查基准日至清查时点减少数 － 清查基准日至清查时点增加数 = 12 500 000 + 0 － 500 000 = 12 000 000（元）

清查核实增加 = 0

清查核实减少 = 0

核实数 = 账面数（合计）+ 清查核实增加 － 清查核实减少
   = 12 000 000 + 0 － 0
   = 12 000 000（元）

见表格"京农清明细 07 - 1"。

长期股权投资清查登记表

京农清明细07-1

___乡镇（街）___村（居）___组/___企业 2020年12月31日 单位：元

编号	投资对象(1)	投资时间(2)	投资期限(3)	投资形式(4)	账面数 合计(5)	账面数 出资形式 货币资金(6)	账面数 出资形式 实物折价(7)	利润分配形式(8)	应收股息或利息(9)	应收未收利润或分红(10)	清查核实 增加+(11)	清查核实 减少-(12)	核实数(13)	备注(14)
1	×××汽配城	2016年3月	长期	股权投资	12 000 000.00		12 000 000.00	按股分红					12 000 000.00	
2														
3														
4														
5														
6														
合计		—	—	—	12 000 000.00		12 000 000.00	—					12 000 000.00	—

相关事项说明：

填表人：   资产清查工作小组负责人（签章）：

63. "长期债权投资清查登记表"如何填报?

本表反映长期债权投资清查前后的变动情况。本表应根据"长期债权投资"科目填列。"利润分配形式"指债权投资利息计算办法,包括票面利率、固定利率等。账面数(合计)=货币资金出资+实物折价出资;核实数=账面数(合计)+清查核实增加-清查核实减少。增加或减少等情况,要在"备注"中填写原因。表内勾稽关系:(5)=(6)+(7);(13)=(5)+(11)-(12)。

见表格"京农清明细07-2"。

长期债权投资清查登记表

京农清明细07-2

乡镇（街）_____ 村（居）_____ 组/_____ 企业_____   2020年12月31日   单位：元

编号	投资对象	投资时间	投资期限	投资形式	账面数			利润分配形式	应收股息或利息	应收未收利润或分红	清查核实		核实数	备注
					合计	出资形式					增加+	减少-		
						货币资金	实物折价							
(1)	(2)	(3)	(4)	(5)	(6)	(7)	(8)	(9)	(10)	(11)	(12)	(13)	(14)
1			债权投资											
2			债权投资											
3			债权投资											
4			债权投资											
5			债权投资											
6			债权投资											
合计	—	—	—				—						—

相关事项说明：

填表人：　　　　　　　　　　　　　　资产清查工作小组负责人（签章）：

64. "固定资产清查登记表 – 1（经营性固定资产）"如何填报？

本表反映经营性固定资产（用于经营的房屋、建筑物、机器设备、工具器具等固定资产）清查前后的变动情况。经营性固定资产清查应按照"房屋建筑""机器设备""其他"三类分别依次填列。"构（购）建时间"指房屋建筑类的构建时间或设备类的购买安装时间。"坐落或置放位置"指房屋建筑类的坐落位置或设备类的置放位置。"使用情况"中"其他"栏，主要写固定资产损毁、待报废等情况。固定资产一般不进行价值重估，"盘盈"指账面未登记的经营性固定资产（按现值填写），即有物无账；"盘亏"指账面已登记但无实物的经营性固定资产损失（按账面值填写），即有账无物。净值 = 原值 – 已提折旧；核实数 = 账面数（净值）+ 清查核实盘盈 – 清查核实盘亏。"盘盈""盘亏"等情况，要在"备注"栏中填写盘盈（亏）原因。表内勾稽关系：（14）=（12）–（13）；（19）=（11）+（15）–（17）；（22）=（14）+（16）–（18）；（22）=（20）–（21）。

【案例】某村集体经济组织截至 2020 年 12 月 31 日经营性固定资产清理科目账面无余额，经营性固定资产明细账如下：

（1）2015 年 12 月购喷灌设备 1 台，账面原值为 100 000 元，已提折旧 50 000 元，账面净值 50 000 元。

（2）2020 年 4 月购粉碎机 1 台，账面原值为 30 000 元，已提折旧 2000 元，账面净值为 28 000 元。

（3）2020 年 6 月购 1 台收割机，账面原值为 50 000 元，已提折旧 2 560 元，账面净值 47 440 元。

2021 年 1 月 1 日至 1 月 31 日除按规定正常计提固定资产折旧外，未发生新增或减少经营性固定资产事项。

2021 年 1 月 31 日，该集体经济组织对上述经营性固定资产进行实地盘点清查，发现如下事项：

盘盈 1 台账外八成新的小型勾臂垃圾车，同类设备二手旧货市场价格为 15 000 元，经集体经济组织成员（代表）大会讨论并报经乡经管站审核批准按 12 000 元作价入账，准予入账。账务处理如下：

　　借：固定资产——生产经营性——垃圾车　　12 000
　　　　贷：资本公积　　　　　　　　　　　　　　12 000

固定资产清查结果如下：

固定资产原值账面余额 = 100 000 + 30 000 + 50 000 = 180 000（元）

累计折旧账面余额 = 54 560 元

固定资产净值账面余额 = 180 000 - 54 560 = 125 440（元）

固定资产原值账面数 = 原值账面余额 + 账务清查调整增加 - 账务清查调整减少 = 180 000 + 0 - 0 = 180 000（元）

累计折旧账面数 = 累计折旧账面余额 + 账务清查调整补提折旧额 - 账务清查调整冲减折旧额 = 54 560 + 0 - 0 = 54 560（元）

净值账面数 = 原值账面数 - 累计折旧账面数 = 180 000 - 54 560 = 125 440（元）

原值清查核实盘盈数 = 12 000 元

累计折旧清查核实盘盈数 = 0 元

净值清查核实盘盈数 = 12 000 - 0 = 12 000（元）

原值清查核实盘亏数 = 0 元

累计折旧清查核实盘亏数 = 0 元

净值清查核实盘亏数 = 0 元

固定资产原值核实数 = 原值账面数 + 清查核实盘盈数 - 清查核实盘亏数
　　　　　　　　　　= 180 000 + 12 000 - 0 = 192 000（元）

累计折旧核实数 = 累计折旧账面数 + 清查核实盘盈数 - 清查核实盘亏数

$= 54\ 560 + 0 - 0 = 54\ 560$（元）

固定资产净值核实数 = 账面数 + 清查核实盘盈 - 清查核实盘亏

$= 125\ 440 + 12\ 000 - 0 = 137\ 440$（元）

见表格"京农清明细08 - 1"。

固定资产清查登记表－1

(经营性固定资产)

2020年12月31日

___乡镇(街)___村(居)___组/企业

京农清明组08－1

单位：元、个、台、平方米

编号	类别	名称	构(购)建时间	坐落或放置位置	规格型号	使用情况 出租或出借 对象	期限	年租金	自用	闲置	其他	账面数 数量或建筑面积	原值	已提折旧	净值	清查核实 盘盈+ 数量或建筑面积	金额	盘亏或 数量或建筑面积	金额	核实数 数量或建筑面积	原值	已提折旧	净值	备注
		(1)	(2)	(3)	(4)	(5)	(6)	(7)	(8)	(9)	(10)	(11)	(12)	(13)	(14)	(15)	(16)	(17)	(18)	(19)	(20)	(21)	(22)	(23)
	一、房屋建筑																							
1																								
2																								
3	二、机器设备	喷灌设备	2015年12月	村内果园					√			1	100 000.00	50 000.00	50 000.00					1	100 000.00	50 000.00	50 000.00	
		粉碎机	2020年4月	村内					√			1	30 000.00	2 000.00	28 000.00					1	30 000.00	2 000.00	28 000.00	
		收割机	2020年6月	村内仓库					√			1	50 000.00	2 560.00	47 440.00					1	50 000.00	2 560.00	47 440.00	
4		小型勾臂垃圾车	2020年12月	村内					√							1	12 000.00			1	12 000.00		12 000.00	账外1台作盘盈入账
5	三、其他			—	—	—	—	—	—	—	—	—	—	—	—	—	—	—	—	—	—	—	—	—
	小计												180 000.00	54 560.00	125 440.00		12 000.00		—	—	192 000.00	54 560.00	137 440.00	—

相关事项说明：

填表人：　　　　　　　　　　　　　　　　　资产清查工作小组负责人(签章)：

65. "固定资产清查登记表-2（非经营性固定资产）"如何填报？

本表反映非经营性固定资产（用于公共服务的教育、科技、文化、卫生、体育等方面的固定资产）清查前后的变动情况。非经营性固定资产清查应按照"房屋建筑""机器设备""其他"三类分别依次填列。"构（购）建时间"指房屋建筑类的构建时间或设备类的购买安装时间。"坐落或置放位置"指房屋建筑类的坐落位置或设备类的置放位置。"使用情况"中"其他"栏，主要填写固定资产毁损、报废等情况。固定资产一般不进行价值重估，"盘盈"指账面未登记的非经营性固定资产（按现值填写），即有物无账；"盘亏"指账面已登记但无实物的非经营性固定资产损失（按账面值填写），即有账无物。净值＝原值－已提折旧；核实数＝账面数（净值）＋清查核实盘盈－清查核实盘亏。"盘盈""盘亏"等情况，要在"备注"中填写盘盈（亏）原因。表内勾稽关系：（11）＝（9）－（10）；（16）＝（8）＋（12）－（14）；（19）＝（11）＋（13）－（15）；（19）＝（17）－（18）。

【案例】某村集体经济组织截至2020年12月31日非经营性固定资产清理无余额，非经营性固定资产明细账如下：

（1）2018年12月购建的室内P2全彩LED显示屏1块，账面原值为30 000元，已提折旧19 000元，账面净值11 000元。

（2）2019年10月购入的迪欧实木会议桌椅组合1套，账面原值为9 500元，已提折旧2 105.88元，账面净值为7 394.12元。

（3）2019年8月购10台笔记本电脑，账面原值为50 000元，已提折旧21 110元，账面净值28 890元。

2021年1月1日至1月31日除按规定正常计提固定资产折旧外，未发生新增或减少非经营性固定资产事项。

2021年1月31日，该集体经济组织对上述非经营性固定资产

进行实地盘点清查,发现如下事项:

1台笔记本电脑已报废,无使用价值。该笔记本电脑原值5 000元,已提累计折旧2 111元,净值计2 889元。经集体经济组织成员(代表)讨论同意,并报乡经管站审核批准,准予报废。账务处理如下:

借:未分配利润　　　　　　　　　　　　2 889
　　累计折旧　　　　　　　　　　　　　2 111
　　贷:固定资产原值——电脑　　　　　　　　5 000

固定资产清查结果如下:

固定资产原值账面余额 = 30 000 + 9 500 + 50 000 = 89 500（元）

累计折旧账面余额 = 42 215.88元

固定资产净值账面余额 = 89 500 - 42 215.88 = 47 284.12（元）

固定资产原值账面数 = 89 500（元）

累计折旧账面数 = 42 215.88（元）

固定资产净值账面数 = 47 284.12（元）

固定资产原值清查核实盘盈数 = 0

累计折旧清查核实盘盈数 = 0

固定资产净值清查核实盘盈数 = 0

固定资产原值清查核实盘亏数 = 5 000元

累计折旧清查核实盘亏数 = 2 111元

固定资产净值清查核实盘亏数 = 5 000 - 2 111 = 2 889（元）

固定资产原值核实数 = 原值账面数 + 清查核实盘盈数 - 清查核实盘亏数

　　　　　　　　　= 89 500 + 0 - 5 000 = 84 500（元）

累计折旧核实数 = 累计折旧账面数 + 清查核实盘盈数 - 清查核实盘亏数

　　　　　　　= 42 215.88 + 0 - 2 111 = 40 104.88（元）

固定资产净值核实数 = 账面数 + 清查核实盘盈 - 清查核实盘亏

　　　　　　　　= 47 284.12 + 0 - 2 889 = 44 395.12（元）

见表格"京农清明细08 - 2"。

第三部分 资产清查报表的填报

固定资产清查登记表－2
（非经营性固定资产）

___乡镇（街）___村（居）___组/___企业

2020年12月31日

京农清明细08－2

单位：元、个、台、平方米

编号	类别	名称	构（购）建时间	坐落或放置位置	规格型号	使用情况			账面数				清查核实					核实数			备注
						自用	闲置	其他	数量或建筑面积	原值	已提折旧	净值	盘盈+		盘亏-		数量或建筑面积	原值	已提折旧	净值	
													数量或建筑面积	金额	数量或建筑面积	金额					
(1)		(2)	(3)	(4)	(5)	(6)	(7)	(8)	(9)	(10)	(11)	(12)	(13)	(14)	(15)	(16)	(17)	(18)	(19)	(20)
1	一、房屋建筑																				
2																					
3	二、机器设备																				
4																					
5	三、其他	LED显示屏	2018年12月	村委会	室内P2全彩	√			1	30 000.00	19 000.00	11 000.00					1	30 000.00	19 000.00	11 000.00	
6		实木会议桌椅	2019年10月	村委会	迪欧16位	√			1	9 500.00	2 105.88	7 394.12					1	9 500.00	2 105.88	7 394.12	
7		联想电脑	2010年8月	村委会	E280	√			10	50 000.00	21 110.00	28 890.00			1	2 889.00	9	45 000.00	18 999.00	26 001.00	报废1台
8																						
9																						
10																						
11																						
	小计		—	—	—	—	—	—	—	89 500.00	42 215.88	47 284.12	—	—	1	2 889.00	—	84 500.00	40 104.88	44 395.12	—

相关事项说明：

填表人： 资产清查工作小组负责人（签章）：

66. "固定资产清理清查登记表－1（经营性固定资产）"如何填报？

本表反映经营性固定资产（用于经营的房屋、建筑物、机器设备、工具器具等固定资产）清理清查前后的变动情况。经营性固定资产清理清查应按照"房屋建筑""机器设备""其他"三类分别依次填列。"构（购）建时间"指房屋建筑类的构建时间或设备类的购买安装时间。"坐落或置放位置"指房屋建筑类的坐落位置或设备类的置放位置。"使用情况"中"其他"栏，主要填写固定资产损毁、待报废等情况。固定资产清理一般不进行价值重估，"盘盈"指账面未登记的固定资产清理（按现值填写）；"盘亏"指账面已登记但应当核销的固定资产清理（按账面值填写）。净值＝原值－已提折旧；核实数＝账面数（净值）＋清查核实盘盈－清查核实盘亏。"盘盈""盘亏"等情况，要在"备注"栏中填写原因。表内勾稽关系：（14）＝（12）－（13）；（19）＝（11）＋（15）－（17）；（20）＝（14）＋（16）－（18）。

见表格"京农清明细08－3"。

第三部分 资产清查报表的填报

固定资产清理清查登记表－1
（经营性固定资产）
2020 年 12 月 31 日

乡镇（街）_____ 村（居）_____ 组／_____ 企业_____

京农清明细08－3
单位：元、个、台、平方米

编号	类别	名称	构（购）建时间	坐落或置放位置	规格型号	使用情况					账面数			清查核实						备注
						出租或出借			自用	闲置	其他	数量或建筑面积	原值	已提折旧	净值	盘盈		盘亏		核实数		
						对象	期限	年租金								数量或建筑面积	金额	数量或建筑面积	金额	数量或建筑面积	金额	
		(1)	(2)	(3)	(4)	(5)	(6)	(7)	(8)	(9)	(10)	(11)	(12)	(13)	(14)	(15)	(16)	(17)	(18)	(19)	(20)	(21)
1	一、房屋建筑																					
2																						
3	二、机器设备																					
4																						
5	三、其他																					
6																						
7	小计	—	—	—	—	—	—															—

相关事项说明：

填表人： 资产清查工作小组负责人（签章）：

67. "固定资产清理清查登记表 – 2（非经营性固定资产）"如何填报？

本表反映非经营性固定资产清理清查前后的变动情况。非经营性固定资产清理清查应按照"房屋建筑""机器设备""其他"三类分别依次填列。"构（购）建时间"指房屋建筑类的构建时间或设备类的购买安装时间。"坐落或置放位置"指房屋建筑类的坐落位置或设备类的置放位置。"使用情况"中"其他"栏，主要填写固定资产毁损、报废等情况。固定资产清理一般不进行价值重估，"盘盈"指账面未登记的固定资产清理（按现值填写）；"盘亏"指账面已登记但应当核销的固定资产清理（按账面值填写）。净值＝原值－已提折旧；核实数＝账面数（净值）＋清查核实盘盈－清查核实盘亏。"盘盈""盘亏"等情况，要在"备注"中填写原因。表内勾稽关系：（11）＝（9）－（10）；（16）＝（8）＋（12）－（14）；（17）＝（11）＋（13）－（15）。

见表格"京农清明细08 – 4"。

固定资产清理清查登记表-2

（非经营性固定资产）

2020年12月31日

___乡镇（街）___ 村（居）___ 组/___ 企业___

单位：元、个、台、平方米

京农清明细08-4

编号	类别	名称	构（购）建时间	坐落或置放位置	规格型号	使用情况			账面数				清查核实				核实数		备注
						自用	闲置	其他	数量或建筑面积	原值	已提折旧	净值	盘盈+		盘亏-		数量或建筑面积	金额	
													数量或建筑面积	金额	数量或建筑面积	金额			
		(1)	(2)	(3)	(4)	(5)	(6)	(7)	(8)	(9)	(10)	(11)	(12)	(13)	(14)	(15)	(16)	(17)	(18)
1	一、房屋建筑																		
2																			
5	二、机器设备																		
6																			
7																			
8	三、其他																		
9																			
	小计	—	—	—	—	—	—	—									—		—

相关事项说明：

填表人：　　　　　　　　　　　　　　　　　资产清查工作小组负责人（签章）：

68. "在建工程清查登记表-1（经营性在建工程）"如何填报？

本表反映经营性在建工程清查前后的变动情况，含登记在建的各类经营性工程建设项目，及已完工未结转的建设项目。"盘盈"指账面未登记的经营性在建工程（按现值填写），即有物无账；"盘亏"指账面已登记的经营性在建工程灭失（按账面值填写），即有账无物。无法形成固定资产的，在"相关事项说明"中列明原因。账面数和核实数有差异的要在"备注"中填写差异原因。核实数 = 账面数 + 清查核实盘盈 − 清查核实盘亏。表内勾稽关系：（15）= （9）+（11）−（13）；（16）=（10）+（12）−（14）。

【案例】某村集体经济组织截至 2020 年 12 月 31 日经营性在建工程账面余额 190 444 元，全部系该村集体经济组织 2013 年开始自建的果园节水灌溉工程项目投资成本。

2021 年 1 月 1 日至 1 月 31 日未发生新增或减少在建工程事项。2021 年 1 月 31 日经营性在建工程账面余额仍为 190 444 元。

2021 年 1 月 31 日在对经营性在建工程进行实地盘点清查中发现：2013 年始一直挂账于"在建工程"中的节水灌溉工程已经完工投入使用，但在 2020 年已经报废拆除，无实物。

经村集体经济组织成员（代表）大会讨论决定按盘亏报废损失处理，并报乡经管站审核同意进行核销。账务处理如下：

借：未分配利润　　　　　　　　　　　190 444
　　贷：在建工程——农田水利设施　　　190 444

经营性在建工程资产清查如下：

账面余额 = 190 444 元

清查时点账面数 = 190 444 元

清查核实盘盈数 = 0

清查核实盘亏数 = 190 444 元

核实数 = 账面数 + 清查核实盘盈数 - 清查核实盘亏数
　　　 = 190 444 + 0 - 190 444 = 0（元）

见表格"京农清明细 09 - 1"。

在建工程清查登记表 - 1

（经营性在建工程）

2020年12月31日

乡镇（街）＿＿＿ 村（居）＿＿＿ 组 ＿＿＿ 企业 ＿＿＿

京农清明细09-1

单位：元、平方米

编号	工程名称	承建单位	坐落位置	开工时间	预计完工时间	完工进度%	投资预算 占地面积	投资预算 金额	账面数 占地面积	账面数 已投资金额	盘盈+ 面积	盘盈+ 金额	盘亏- 面积	盘亏- 金额	核实数 占地面积	核实数 已投资金额	备注
	(1)	(2)	(3)	(4)	(5)	(6)	(7)	(8)	(9)	(10)	(11)	(12)	(13)	(14)	(15)	(16)	(17)
1	果园灌溉工程	自建	村果园内	2013年						190 444.00				190 444.00			报废拆除
2																	
3																	
4																	
5																	
小计	—	—	—	—	—	—	—	—	—	190 444.00	—	—	—	190 444.00	—	—	—

相关事项说明：

实地盘点发现该节水灌溉工程早已完工已投入使用，但在2020年已经报废拆除，无实物。

填表人：　　　　　　　　　　　　　　　资产清查工作小组负责人（签章）：

69. "在建工程清查登记表-2（非经营性在建工程）"如何填报？

本表反映非经营性在建工程清查前后的变动情况，含登记在建的各类非经营性工程建设项目，及已完工未结转的建设项目。"盘盈"指账面未登记的非经营性在建工程（按现值填写），即有物无账；"盘亏"指账面已登记非经营性在建工程灭失（按账面值填写），即有账无物。无法形成固定资产的，在"相关事项说明"列明原因。账面数和核实数有差异的，要在"备注"栏中填写差异原因。核实数=账面数+清查核实盘盈-清查核实盘亏。表内勾稽关系：（15）=（9）+（11）-（13）；（16）=（10）+（12）-（14）。

【案例】截至2020年12月31日，某村集体经济组织非经营性在建工程明细账如下：

（1）2020年11月开始修缮清真寺工程，承建单位为C公司，预计完工时间为2021年9月，总投资预算450 000元，2020年末该项目投资成本为90 000元，完工进度20%。

（2）2017年10月××乡财政拨入专项资金修建的村文化长廊工程，已完工60%，2020年末账面价值120 000元。

2021年1月1日至1月31日未发生新增或减少在建工程事项。2021年1月31日非经营性在建工程账面余额仍为210 000元。

2021年1月31日对非经营性在建工程进行实地盘点清查中发现：2017年10月修建的村文化长廊工程，于2018年6月因市政规划变更而被强制拆除，无补偿。盘点时该文化长廊已无实物。经村集体经济组织成员（代表）大会讨论决定，该项在建工程按盘亏损失处理，并报乡经管站审核批准，冲减资本公积。账务处理如下：

借：资本公积——其他资本公积　　　　　　120 000
　　贷：在建工程——文化长廊工程　　　　　　120 000

非经营性在建工程资产清查如下:
账面余额 = 90 000 + 120 000 = 210 000(元)
清查核实盘盈数 = 0
清查核实盘亏数 = 120 000 元
核实数 = 账面数 + 清查核实盘盈数 − 清查核实盘亏数
　　　 = 210 000 + 0 − 120 000 = 90 000(元)
见表格"京农清明细09 − 2"。

第三部分 资产清查报表的填报

在建工程清查登记表 - 2

（非经营性在建工程）

2020年12月31日

乡镇（街） _____ 村（居） _____ 组／ _____ 企业 _____

京农清明细09-2
单位：元、平方米

编号	工程名称	承建单位	坐落位置	开工时间	预计完工时间	完工进度%	投资预算		账面数		盘盈+		盘亏-		核实数		备注
							占地面积	金额	占地面积	已投资金额	面积	金额	面积	金额	占地面积	已投资金额	
	(1)	(2)	(3)	(4)	(5)	(6)	(7)	(8)	(9)	(10)	(11)	(12)	(13)	(14)	(15)	(16)	(17)
1	修缮清真寺工程	C公司	村内	2020年11月	2021年9月	20%		450 000.00		90 000.00						90 000.00	
2	文化长廊工程	自建	村内	2017年10月	2018年5月	60%		200 000.00		120 000.00				120 000.00			市政规划变更而拆除
3																	
4																	
5																	
小计	—	—	—	—	—	—	—	650 000.00	—	210 000.00	—	—	—	120 000.00	—	90 000.00	—

相关事项说明：
实地盘点发现由××乡财政专项拨款自建的村文化长廊于2018年6月因市政规划变更而被强制拆除，无补偿。

资产清查工作小组负责人（签章）：

填表人：

70. "无形资产清查登记表"如何填报?

本表反映无形资产清查前后的变动情况。无形资产不区分资产类型,全部列入经营性资产。"盘盈"指账面未登记的无形资产(按现值填写),即有物无账;"盘亏"指账面已登记无形资产灭失(按账面值填写),即有账无物。账面净值 = 账面原值 − 累计摊销;核实数 = 账面数(账面净值)+ 清查核实盘盈 − 清查核实盘亏。"盘盈""盘亏"等情况,要在"备注"栏中填写盘盈(亏)原因。表内勾稽关系:(13) = (11) − (12);(16) = (13) + (14) − (15)。

【案例】2020年12月31日某村集体经济组织无形资产明细账记录如下:

(1) 2014年10月购入广告牌使用权,账面价值为20 000元,因资料不全,财务一直未摊销。

(2) 2017年7月购入商标权,账面价值为6 000元,因使用寿命不确定,一直未摊销。

(3) 2019年5月购入OA协同办公系统软件,预计使用年限5年,账面原值为18 000元,已计提摊销6 000元,账面净值12 000元。

2021年1月1日至1月31日除按规定正常摊销无形资产外,未发生新增或减少无形资产事项。

2021年1月31日,该集体经济组织在对无形资产进行资产清查过程中,发现如下事项:

(1) 2019年8月某科技公司赞助开发的大数据驱动产业赋能平台系统1套价值5 000元未入账,使用寿命难以确定,经集体经济组织成员(代表)大会决定,并报乡经管站审核批准,计入资本公积。账务处理如下:

借:无形资产——产业赋能平台系统　　　　　5 000
　　贷:资本公积　　　　　　　　　　　　　　5 000

(2) 广告牌使用权账面价值20 000元,经核实后,发现2019

年末该广告牌已拆除，自动丧失该广告牌使用权。经集体经济组织成员（代表）大会决定，并报乡经管站审核批准，确认为费用。账务处理如下：

  借：未分配利润   20 000

    贷：无形资产——广告牌使用权 20 000

（3）商标权账面价值 6 000 元，经清查核实仍无法确认该商标权具体使用寿命，至清查日该商标仍正常使用。经集体经济组织成员（代表）大会决定，并报乡经管站审核批准同意继续挂账。

（4）OA 协同办公系统软件价值 12 000 元，截至 2020 年 4 月始因与供应商发生合同诉讼纠纷至清查日未判决，该系统现已无法正常升级使用，经集体经济组织成员（代表）大会决定，并报乡经管站审核批准，确认为费用。账务处理如下：

  借：未分配利润   12 000

    贷：无形资产——OA 协同办公系统软件 12 000

无形资产清查核实情况如下：

账面净值余额 = 20 000 + 6 000 + 12 000 = 38 000（元）

账面净值数 = 38 000 元

清查核实盘盈数（净值）= 5 000 元

清查核实盘亏数（净值）= 20 000 + 12 000 = 32 000（元）

核实数 = 账面数（净值）+ 清查核实盘盈数（净值）- 清查核
     实盘亏数（净值）

   = 38 000 + 5 000 - 32 000 = 11 000（元）

见表格"京农清明细 10 - 1"。

无形资产清查登记表

2020年12月31日

___乡镇（街）___村（居）___组/___企业

京农清明细 10－1

单位：元、个、台、平方米

编号	资产名称	取得时间	取得方式	预计使用年限	出租或出借对象	出租或出借期限	租金	使用情况 自用	使用情况 闲置	使用情况 其他	账面数 账面原值	账面数 累计摊销	账面数 账面净值	清查核实 盘盈+	清查核实 盘亏-	核实数	备注
(1)	(2)	(3)	(4)	(5)	(6)	(7)	(8)	(9)	(10)	(11)	(12)	(13)	(14)	(15)	(16)	(17)
1	广告牌使用权	2014年10月	购入					√			20 000.00		20 000.00		20 000.00	—	已过受益期
2	商标权	2017年7月	购入					√			6 000.00		6 000.00			6 000.00	
3	OA协同办公系统	2019年5月	购入					√			18 000.00	6 000.00	12 000.00		12 000.00	—	过期未续约
4	大数据驱动产业赋能平台	2019年8月	自行开发					—	—	—				5 000.00		5 000.00	账外资产入账
5																	
小计				—	—	—	—	—	—	44 000.00	6 000.00	38 000.00	5 000.00	32 000.00	11 000.00	—

相关事项说明：

填表人：　　　　　　　　　　　　　　　　资产清查工作小组负责人（签章）：

71. "长期待摊费用清查登记表"如何填报?

本表反映长期待摊费用清查前后的变动情况。长期待摊费用不区分资产类型,全部列入经营性资产。"盘盈"指账面未登记但仍具有经济价值的长期待摊费用(按现值填写),即有物无账;"盘亏"指账面已登记但并未实际发生或已不再具有经济价值的长期待摊费用(按账面值填写),即有账无物。账面净值 = 账面原值 − 累计摊销;核实数 = 账面数(账面净值) + 清查核实盘盈 − 清查核实盘亏。"盘盈""盘亏"等情况,要在"备注"栏中填写盘盈(亏)原因。表内勾稽关系:(13) = (11) − (12);(16) = (13) + (14) − (15)。

见表格"京农清明细10 − 2"。

长期待摊费用清查登记表

___乡镇（街）___村（居）___组/___企业 2020年12月31日

京农清明细10-2

单位：元、个、台、平方米

编号	资产名称	取得时间	取得方式	预计使用年限	使用情况					账面数			清查核实		核实数	备注
					出租或出借			自用	闲置	其他	账面原值	累计摊销	账面净值	盘盈+	盘亏-		
					对象	期限	租金										
	(1)	(2)	(3)	(4)	(5)	(6)	(7)	(8)	(9)	(10)	(11)	(12)	(13)	(14)	(15)	(16)	(17)
1																	
2																	
3																	
4																	
小计	—	—	—	—	—	—	—	—	—	—						—	

相关事项说明：

资产清查工作小组负责人（签章）：

填表人：

72. "短期借款清查登记表"如何填报?

本表反映短期借款清查前后的变动情况。本表应根据"短期借款"明细科目分析填列。核实数＝账面数＋清查核实增加－清查核实减少。"增加""减少"等情况,要在"备注"栏中填写增加(减少)原因。表内勾稽关系:(10)=(7)+(8)-(9)。

【案例】某村集体经济组织 2020 年 12 月 31 日短期借款余额 500 000 元,系 2020 年 5 月 21 日为村内街巷环境整治向×××银行临时借入的 1 年期借款,年利率 5.76%。

2021 年 1 月 1 日至 1 月 31 日期间未发生与短期借款相关的经济业务。2021 年 1 月 31 日短期借款账面余额为 500 000 元。

2021 年 1 月 31 日入场清查,函证发现短期借款实际余额 440 000 元。

该村集体经济组织查实原因,函证差额系 2020 年 12 月 21 日村主任杨某已代垫归还×××银行借款 60 000 元。经集体经济组织成员(代表)大会讨论决定,报乡经管站审核批准,同意进行清查核实的相关账务处理。账务处理如下:

借:短期借款——×××银行　　　　　　　60 000
　　贷:其他应付款——杨某　　　　　　　　　60 000

短期借款清查情况如下:

账面余额＝500 000 元

清查核实增加＝0

清查核实减少＝60 000 元

核实数＝账面数＋清查核实增加－清查核实减少＝500 000＋0
　　　　－60 000
　　　＝440 000（元）

见表格"京农清明细 11－1"。

短期借款清查登记表

___乡镇（街）___ 村（居）___ 组/___企业 2020年12月31日

京农清明细11-1
单位：元

编号	债权人	债务成因	债务用途	产生时间	到期时间	审批人	账面数	清查核实 增加+	清查核实 减少-	核实数	备注
	(1)	(2)	(3)	(4)	(5)	(6)	(7)	(8)	(9)	(10)	(11)
1	××银行	借款	街巷环境整治	2020年5月21日	2021年5月20日	××	500 000.00		60 000.00	440 000.00	杨某提前代为偿还
2											
3											
4											
5											
6											
7											
8											
9											
合计	—	—	—	—	—		500 000		60 000	440 000	—

相关事项说明：

填表人：   资产清查工作小组负责人（签章）：

73. "应付账款清查登记表"如何填报？

本表反映应付账款清查前后的变动情况。本表应根据"应付账款""预付账款"明细科目贷方余额分析填列。核实数＝账面数＋清查核实增加－清查核实减少。"增加""减少"等情况，要在"备注"栏中填写增加（减少）原因。表内勾稽关系：（10）＝（7）＋（8）－（9）。

【案例】某村集体经济组织2020年12月31日应付账款账面余额25 450元，包括以下事项：

（1）应付账款——日日顺粮油站贷方余额20 000元，系2019年12月15日村委会慰问困难村民赊购粮油的货款；

（2）应付账款——梁春贷方余额5 000元，系2019年7月22日清掏公厕费用；

（3）应付账款——王志林贷方余额450元，系2020年10月8日购买损坏的路灯所需零件的费用。

2021年1月1日至1月31日未发生增加或减少应付款项。2021年1月31日应付账款余额25 450元。

在2021年1月31日入场清查发现以下事项：

（1）函证中发现梁春回函反映少计2 000元，经核实系2019年12月30日梁春再次清掏公厕费用2 000元未入账。

（2）盘点原材料中发现，2020年2月发现从日日顺粮油站购买的部分食品有质量缺陷，需从所欠货款中扣除5 000元不再支付。

上述两个事项经集体经济组织成员（代表）大会决定，并报经乡经管站审核批准，同意漏记梁春的2 000元作清查核实增加入账，同意直接从货款中扣减日日顺粮油站5 000元。账务处理如下：

借：应付款项——日日顺粮油站　　　　　　　　5 000
　　贷：应付款项——梁春　　　　　　　　　　　2 000
　　　　未分配利润　　　　　　　　　　　　　　3 000

应付账款清查核实情况如下：

账面余额 = 25 450 元

清查时点账面数 = 25 450 元

清查核实增加 = 2 000 元

清查核实减少 = 5 000 元

核实数 = 账面数 + 清查核实增加 − 清查核实减少

　　　　= 25 450 + 2 000 − 5 000 = 22 450（元）

见表格"京农清明细 11 − 2"。

京农清明细 11-2

应付账款清查登记表

乡镇（街）_____ 村（居）_____ 组/_____ 企业_____　　2020年12月31日　　　　　　　　　　单位：元

编号	债权人	债务成因	债务用途	产生时间	到期时间	审批人	账面数	清查核实 增加 +	清查核实 减少 -	核实数	备注
	(1)	(2)	(3)	(4)	(5)	(6)	(7)	(8)	(9)	(10)	(11)
1	日日顺粮油站	慰问困难社员	货款	2019年12月		××	20 000.00		5 000.00	15 000.00	质量不合格，扣减货款
2	梁春	清掏公厕	劳务费	2019年7月		××	5 000.00	2 000.00		7 000.00	2019年12月再次清掏未入账
3	王志林	修理更换路灯	货款	2020年10月		××	450.00			450.00	
4											
5											
6											
7											
8											
9											
合计	—	—	—	—	—	—	25 450.00	2 000.00	5 000.00	22 450.00	—

相关事项说明：

资产清查工作小组负责人（签章）：

填表人：

74. "预收账款清查登记表"如何填报？

本表反映预收款项清查前后的变动情况。本表应根据"应收账款""预收账款"明细科目贷方余额分析填列。核实数＝账面数＋清查核实增加－清查核实减少。"增加""减少"等情况，要在"备注"栏中填写增加（减少）原因。表内勾稽关系：（10）=（7）+（8）-（9）。

【案例】某村集体经济组织2020年12月31日预收账款账面余额556 000元，包括：

（1）预收账款——回良装饰公司贷方余额250 000元，系2020年12月10日预收2021年1—6月房租；

（2）预收账款——转运来餐饮公司贷方余额100 000元，系2020年7月22日预收定购2021年上半年月光红茶款；

（3）预收账款——哆啦咪文化传媒公司贷方余额200 000元，系2020年12月8日预交2021年一季度房租。

（4）预收账款——全兴水产公司贷方余额6 000元，系2020年11月25日预收2021年度1—3月水电费。

2021年1月1日至1月31日未发生增加或减少预收款项。2021年1月31日预收账款账面余额556 000元。

在2021年1月31日入场清查时，函证转运来餐饮公司的函件以"收件人是已经撤销的单位，且无代收单位或个人"而被退回。经核实发现，转运来餐饮公司2020年10月10日因突发大火而破产倒闭，2020年12月15日已清算完毕，并注销公司登记，因此，该笔预收货款100 000元无法支付。经集体经济组织成员（代表）大会决定，并报经乡经管站审核批准，同意核减预收账款。账务处理如下：

借：预收款项——转运来餐饮公司　　　　　　100 000
　　贷：未分配利润　　　　　　　　　　　　　　　100 000

预收账款清查核实情况如下:

账面余额 = 556 000 元

清查时点账面数 = 清查时点账面余额 + 账务清查调整增加 − 账务清查调整减少

$$= 556\ 000 + 0 - 0 = 556\ 000（元）$$

清查核实增加 = 0

清查核实减少 = 100 000 元

核实数 = 账面数 + 清查核实增加 − 清查核实减少

$$= 556\ 000 + 0 - 100\ 000$$

$$= 456\ 000（元）$$

见表格"京农清明细 11 − 3"。

预收账款清查登记表

2020 年 12 月 31 日

京农清明细 11-3
单位：元

乡镇（街）_____ 村（居）_____ 组/_____ 企业_____

编号	债权人	债务成因	债务用途	产生时间	到期时间	审批人	账面数	清查核实 增加+	清查核实 减少-	核实数	备注
	(1)	(2)	(3)	(4)	(5)	(6)	(7)	(8)	(9)	(10)	(11)
1	回良装饰公司	租赁房屋	场地租金	2020年12月	2021年6月	××	250 000.00			250 000.00	
2	哆啦咪文化传媒公司	租赁房屋	房屋租金	2020年12月	2021年6月	××	200 000.00			200 000.00	
3	转运来餐饮公司	承包经营	管理费	2020年7月	2021年6月	××	100 000.00		100 000.00	0.00	公司破产倒闭，公司注销，无须支付
4	全兴水产公司	预收水电	水电费	2020年11月	2021年3月	××	6 000.00			6 000.00	
5											
6											
7											
8											
9											
合计	—	—	—	—	—	—	556 000.00		100 000.00	456 000.00	—

相关事项说明：

填表人：　　　　　　　　　资产清查工作小组负责人（签章）：

75. "应付利息清查登记表"如何填报?

本表反映应付利息清查前后的变动情况。本表应根据"应付利息"明细科目贷方余额分析填列。核实数＝账面数＋清查核实增加－清查核实减少。"增加""减少"等情况,要在"备注"栏中填写增加(减少)原因。表内勾稽关系:(10)＝(7)＋(8)－(9)。

见表格"京农清明细11－4"。

应付利息清查登记表

乡镇（街）_____ 村（居）_____ 组/_____ 企业_____　2020年12月31日

京农清明细11－4
单位：元

编号	债权人	债务成因	债务用途	产生时间	到期时间	审批人	账面数	清查核实 增加+	清查核实 减少-	核实数	备注
	(1)	(2)	(3)	(4)	(5)	(6)	(7)	(8)	(9)	(10)	(11)
1											
2											
3											
4											
5											
6											
7											
8											
9											
合计	—	—	—	—	—	—					—

相关事项说明：

填表人：　　　　　　　　　　　　　　　　资产清查工作小组负责人（签章）：

76. "应付股利清查登记表"如何填报？

本表反映应付未付股利清查前后的变动情况。本表应根据"应付股利"明细科目贷方余额分析填列。核实数＝账面数＋清查核实增加－清查核实减少。"增加""减少"等情况，要在"备注"栏中填写增加（减少）原因。表内勾稽关系：（10）＝（7）＋（8）－（9）。

见表格"京农清明细11－5"。

应付股利清查登记表

京农清明 11-5

乡镇（街）_____ 村（居）_____ 组/_____ 企业_____ 2020年12月31日 单位：元

编号	债权人	债务成因	债务用途	产生时间	到期时间	审批人	账面数	清查核实 增加+	清查核实 减少-	核实数	备注
	(1)	(2)	(3)	(4)	(5)	(6)	(7)	(8)	(9)	(10)	(11)
1											
2											
3											
4											
5											
6											
7											
8											
9											
合计	—	—	—	—	—	—					—

相关事项说明：

填表人： 资产清查工作小组负责人（签章）：

77. "应交税费清查登记表"如何填报?

本表反映集体经济组织(单位、企业)应交税费的清查情况。本表应根据"应交税费""其他应交款"明细科目分析填列。核实数=账面数+清查核实增加-清查核实减少。"增加""减少"等情况,要在"备注"栏中填写增加(减少)原因。表内勾稽关系:(10)=(7)+(8)-(9)。

【案例】某村集体经济组织 2020 年 12 月 31 日应交税费账面余额 66 480.24 元,包括:

(1) 应交增值税——未交增值税贷方余额 21 451.61 元;

(2) 应交企业所得税贷方余额 38 132.20 元;

(3) 应交个人所得税贷方余额 4 322.24 元;

(4) 应交城市维护建设税贷方余额 1 501.61 元;

(5) 应交教育费附加贷方余额 643.55 元;

(6) 应交地方教育费附加贷方余额 429.03 元;

假设 2021 年 1 月 1—31 日未发生增加或减少应交税费款项。

在 2021 年 1 月 31 日现场清查核实发现:

(1) 村代理记账公司 2020 年 12 月少计提申报房产税 3 218 元、漏贴 2020 年 7 月两份房屋租赁合同金额 750 000 元的印花税 750 元。

(2) 村代理记账公司多申报 2020 年第四季度企业所得税 14 082 元。

上述事项经集体经济组织成员(代表)大会决定,并报经乡经管站审核批准,同意处理。账务处理如下:

```
借:应交税费——企业所得税              14 082
    贷:未分配利润                         14 082
借:未分配利润                          3 968
    贷:应交税费——房产税                   3 218
            ——印花税                       750
```

应交税费清查核实情况如下:

账面余额 = 66 480.24 元

账面数 = 账面余额 + 账务清查调整增加数 − 账务清查调整减少数
　　　 = 66 480.24 + 0 − 0
　　　 = 66 480.24（元）

清查核实增加数 = 3 968 元

清查核实减少数 = 14 082 元

核实数 = 66 480.24 + 3 968 − 14 082
　　　 = 56 366.24（元）

见表格"京农清明细 11 − 6"。

应交税费清查登记表

乡镇（街）_____ 村（居）_____ 组／_____ 企业_____ 2020年12月31日

京农清明细11-6
单位：元

编号	债权人	债务成因	债务用途	产生时间	到期时间	审批人	账面数	清查核实 增加+	清查核实 减少-	核实数	备注
	(1)	(2)	(3)	(4)	(5)	(6)	(7)	(8)	(9)	(10)	(11)
1	××税务局	纳税申报	未交增值税	2020年12月	2021年1月	××	21 451.61			21 451.61	
2	××税务局	纳税申报	企业所得税	2020年12月	2021年6月	××	38 132.20		14 082.00	24 050.20	多申报税金
3	××税务局	纳税申报	个人所得税	2020年12月	2021年1月	××	4 322.24			4 322.24	
4	××税务局	纳税申报	城市建设税	2020年12月	2021年1月	××	1 501.61			1 501.61	
5	××税务局	纳税申报	教育费附加	2020年12月	2021年1月	××	643.55			643.55	
6	××税务局	纳税申报	地方教育费附加	2020年12月	2021年1月	××	429.03			429.03	
7	××税务局	纳税申报	印花税	2020年12月	2021年1月	××		750.00		750.00	漏贴房屋租赁合同印花税
8	××税务局	纳税申报	房产税	2020年12月	2021年1月	××		3 218.00		3 218.00	少计提申报税金
9											
合计			—	—	—	—	66 480.24	3 968.00	14 082.00	56 366.24	—

相关事项说明：

填表人：   资产清查工作小组负责人（签章）：

78. "其他应付款清查登记表"如何填报？

本表反映集体经济组织（单位、企业）其他应付款的清查情况。本表应根据"其他应收款""其他应付款"明细科目贷方余额分析填列。核实数=账面数+清查核实增加-清查核实减少。"增加""减少"等情况，要在"备注"栏中填写增加（减少）原因。表内勾稽关系：（10）=（7）+（8）-（9）。

【案例】某村集体经济组织 2020 年 12 月 31 日其他应付款账面余额为 80 365 元，包括以下事项：

（1）其他应付款——建房押金（刘鑫）贷方余额 5 000 元，系 2015 年 3 月 18 日村民刘鑫交来的建房押金一直未退还；

（2）其他应付款——江南工程公司贷方余额 54 000 元，系 2020 年 10 月 20 日交纳的村文化广场工程项目投标保证金；

（3）其他应付款——××安泰机电设备公司贷方余额 20 000 元，系 2020 年 12 月 23 日交纳的村文化广场项目设备投标保证金；

（4）其他应付款——王金蛋贷方余额 1 365 元，系村民王金蛋 2020 年 11 月 12 日报销出差费。

2021 年 1 月 10 日分别退回江南工程公司投标保证金 54 000 元、××安泰机电设备公司投标保证金 20 000 元；2021 年 1 月 6 日支付王金蛋报销款 1 365 元；2021 年 1 月 28 日王金蛋报销元旦春节物资采购款 32 032 元。2021 年 1 月 31 日其他应付款账面余额为 37 032 元。

在 2021 年 1 月 31 日入场清查时，函证发现：

（1）刘鑫已于 2020 年 10 月因车祸死亡，且无财产继承人，因此，应付刘鑫的建房押金 5 000 元无法退还。经集体经济组织成员（代表）大会决定，并报经乡经管站审核批准，予以核销。

（2）函证银行借款时，发现 2020 年 12 月 21 日村主任杨某代还了×××银行借款 60 000 元。经集体经济组织成员（代表）大会讨论决定，报乡经管站审核批准，同意补记入账。

上述事项账务处理如下：

(1) 借：其他应付款——建房押金（刘鑫）　　5 000
　　　贷：未分配利润　　　　　　　　　　　　　5 000

(2) 借：短期借款——×××银行　　　　　60 000
　　　贷：其他应付款——杨某　　　　　　　　60 000

应付账款清查核实情况如下：

账面余额 = 80 365 元

倒轧至资产清查基准日账面数 = 清查时点账面数 + 清查基准日至清查时点减少数 – 清查基准日至清查时点增加数

= 37 032 + 54 000 + 20 000 + 1 365 – 32 032 = 80 365（元）

清查核实增加 = 60 000 元

清查核实减少 = 5 000 元

核实数 = 账面数 + 清查核实增加 – 清查核实减少

= 80 365 + 60 000 – 5 000

= 135 365（元）

见表格"京农清明细 11 – 7"。

其他应付款清查登记表

乡镇（街）_____ 村（居）_____ 组／_____ 企业 2020 年 12 月 31 日

京农清明 11－7　单位：元

编号	债权人(1)	债务成因(2)	债务用途(3)	产生时间(4)	到期时间(5)	审批人(6)	账面数(7)	清查核实 增加+(8)	清查核实 减少-(9)	核实数(10)	备注(11)
1	刘鑫	建自住房	建房押金	2015年3月		××	5 000.00		5 000.00	0.00	债权人死亡且无继承人
2	江南工程公司	工程项目招标	投标保证金	2020年10月		××	54 000.00			54 000.00	
3	××安泰机电设备公司	设备采购招标	投标保证金	2020年12月		××	20 000.00			20 000.00	
4	王金蛋	报销差旅费	未付报销款项	2020年11月		××	1 365.00			1 365.00	
5	杨某	代村组织还借款	往来款	2020年12月		××		60 000.00		60 000.00	代偿银行借款
6											
7											
8											
9											
合计	—	—	—	—	—	—	80 365.00	60 000.00	5 000.00	135 365.00	—

相关事项说明：

填表人：　　　　　　　　　　　　　　资产清查工作小组负责人（签章）：

79. "递延收益清查登记表"如何填报?

本表反映集体经济组织(单位、企业)递延收益的清查情况。本表应根据"递延收益"明细科目分析填列。核实数=账面数+清查核实增加-清查核实减少。"增加""减少"等情况,要在"备注"栏中填写增加(减少)原因。表内勾稽关系:(10)=(7)+(8)-(9)。

见表格"京农清明细11-8"。

京农清明细 11-8
单位：元

递延收益清查登记表

乡镇（街）_____ 村（居）_____ 组/企业_____ 2020 年 12 月 31 日

编号	债权人	债务成因	债务用途	产生时间	到期时间	审批人	账面数	清查核实 增加+	清查核实 减少-	核实数	备注
	(1)	(2)	(3)	(4)	(5)	(6)	(7)	(8)	(9)	(10)	(11)
1											
2											
3											
4											
5											
6											
7											
8											
9											
合计	—	—	—	—	—	—					—

相关事项说明：

填表人：　　　　　　　　　　　　　资产清查工作小组负责人（签章）：

80. "长期借款清查登记表"如何填报?

本表反映集体经济组织(单位、企业)长期借款的清查情况。本表应根据"长期借款"明细科目分析填列。核实数=账面数+清查核实增加－清查核实减少。"增加""减少"等情况,要在"备注"栏中填写增加(减少)原因。表内勾稽关系:(10)=(7)+(8)－(9)。

【案例】某村集体经济组织2020年12月31日长期借款账面余额6 000 000元,包括:

(1) 长期借款——建设银行××支行贷方余额5 000 000元,系2015年6月21日借入10年期的兴修水利设施财政贴息专项贷款;

(2) 长期借款——农商银行××支行贷方余额1 000 000元,系2017年3月5日借入5年期的购买农机的专项贷款。

2021年1月10日从农商银行××支行新借入3 000 000元5年期的村南文化广场及村活动中心专项贷款。2021年1月31日长期借款贷方余额为9 000 000元。

2021年1月31日对长期借款实施函证,未发现异常事项。

长期借款清查核实情况如下:

账面余额=6 000 000元

清查时点账面数=清查时点账面余额+账务清查调整增加－账务清查调整减少

=9 000 000+0－0=9 000 000(元)

清查核实增加=0

清查核实减少=0

核实数=账面数+清查核实增加－清查核实减少=6 000 000(元)

见表格"京农清明细11－9"。

长期借款清查登记表

乡镇（街）_____ 村（居）_____ 组／企业 2020年12月31日

京农清明细11-9
单位：元

编号	债权人 (1)	债务成因 (2)	债务用途 (3)	产生时间 (4)	到期时间 (5)	审批人 (6)	账面数 (7)	清查核实 增加+ (8)	清查核实 减少- (9)	核实数 (10)	备注 (11)
1	建设银行××支行	财政贴息借款	兴修水利设施	2015年6月21日	2025年6月20日	××	5 000 000.00			5 000 000.00	
2	农商银行××支行	专项借款	购买农机	2017年3月5日	2022年3月4日	××	1 000 000.00			1 000 000.00	
3											
4											
5											
6											
7											
8											
9											
合计	—	—	—	—	—	—	6 000 000.00			6 000 000.00	—

相关事项说明：

填表人：　　　　　　　　　　　　　　　资产清查工作小组负责人（签章）：

81. "长期应付款清查登记表"如何填报？

本表反映集体经济组织（单位、企业）长期应付款的清查情况。本表应根据"长期应付款"明细科目分析填列。核实数＝账面数＋清查核实增加－清查核实减少。"增加""减少"等情况，要在"备注"栏中填写增加（减少）原因。表内勾稽关系：（10）＝（7）＋（8）－（9）。

【案例】某村集体经济组织 2020 年 12 月 31 日长期应付款账面余额为 1 500 000 元，系 2019 年 7 月 21 日、2019 年 12 月 18 日及 2020 年 3 月 21 日分别从××乡农工商总公司借入的运达项目资金各 500 000 元。

2021 年 1 月 1 日至 1 月 31 日未发生增加或减少事项。2021 年 1 月 31 日清查时，长期应付款账面余额为 1 500 000 元。

长期借款清查核实情况如下：

账面余额＝1 500 000 元

清查时点账面数＝1 500 000 元

清查核实增加＝0

清查核实减少＝0

核实数＝账面数＋清查核实增加－清查核实减少

　　　　＝1 500 000＋0－0

　　　　＝1 500 000（元）

见表格"京农清明细 11－10"。

长期应付款清查登记表

京农清明细 11-10
单位：元

乡镇（街）_____ 村（居）_____ 组／_____ 企业 2020年12月31日

编号	债权人 (1)	债务成因 (2)	债务用途 (3)	产生时间 (4)	到期时间 (5)	审批人 (6)	账面数 (7)	清查核实 增加+ (8)	清查核实 减少- (9)	核实数 (10)	备注 (11)
1	××乡农工商总公司	项目融资	运达项目借款	2019年7月21日	2024年7月20日	××	500 000.00			500 000.00	
2	××乡农工商总公司	项目融资	运达项目借款	2019年12月18日	2024年12月17日	××	500 000.00			500 000.00	
3	××乡农工商总公司	项目融资	运达项目借款	2020年3月21日	2025年3月20日	××	500 000.00			500 000.00	
4											
5											
6											
7											
8											
9											
合计	—	—	—	—	—	—	1 500 000.00			1 500 000.00	—

相关事项说明：

填表人： 资产清查工作小组负责人（签章）：

82. "应付工资清查登记表"如何填报？

本表反映的应付工资的清查情况。本表应根据"应付职工薪酬"科目中除"福利""非货币性福利"以外的内容填列，应区分本年度和以前年度拖欠的工资，本表填报贷方余额，借方余额以负数填报。账面数（合计）=账面数（本年）+账面数（以前年度）；核实数=账面数（合计）+清查核实增加－清查核实减少。"增加""减少"等要在"备注"栏中填写增加（减少）原因。表内勾稽关系：(3)=(4)+(5)；(8)=(3)+(6)－(7)。

【案例】某村集体经济组织2020年12月31日"应付职工薪酬"明细账"张小敬等（村保洁员）"贷方余额19 000元，系拖欠其2019年度工资。2021年1月31日清查时发现应付工资账面余额25 000元，系2021年1月26日计提应付工资"王志红（村干部）"6 000元。

则应付工资清查核实情况如下：

账面余额=19 000元

倒轧至清查基准日账面数=清查时点账面数+清查基准日至清查时点减少数－清查基准日至清查时点增加数

$$=25\ 000+0-6\ 000=19\ 000（元）$$

清查核实增加=0

清查核实减少=0

核实数=账面数+清查核实增加－清查核实减少

$$=19\ 000+0-0=19\ 000（元）$$

见表格"京农清明细12"。

应付工资清查登记表

乡镇（街）_____ 村（居）_____ 组／_____ 企业 2020年12月31日

京农清明细12
单位：元

编号	姓名	拖欠（未付）原因	账面数			清查核实		核实数	备注
			合计	本年度	以前年度	增加+	减少-		
	(1)	(2)	(3)	(4)	(5)	(6)	(7)	(8)	(9)
1	张小敬（等保洁员）	统一结算	19 000.00		19 000.00			19 000.00	
2									
3									
4									
5									
6									
7									
8									
合计			19 000.00		19 000.00			19 000.00	—

相关事项说明：　　　　　　　　　　　　　　　　资产清查工作小组负责人（签章）：

填表人：

83."应付福利费清查登记表"如何填报?

本表反映应付福利费的清查情况。应根据"应付职工薪酬"科目中"福利"及"非货币性福利",并按照使用项目分别填列。受益对象是指该笔应付福利费的实际受益人;支付时间是指应付福利费预期应该支付的时间。"账面数""核实数"应分别按每笔应付福利费实际的"借方"或"贷方"余额方向填写。"增加""减少"等要在"备注"栏中填写增加(减少)原因。核实数(借方或贷方)=账面数(借方或贷方)+清查核实增加-清查核实减少。表内勾稽关系:(8)=(4)+(6)-(7);(9)=(5)+(6)-(7)。

【案例】某村集体经济组织2020年12月31日"应付职工薪酬"明细科目中,"福利费"贷方余额15 000元,其中:"慰问困难群众福利费"明细账贷方余额为12 000元;2020年收益分配时提取的应付福利费3 000元。2021年1月1日至1月31日期间未发生应付福利费相关的业务收支。2021年清查时应付福利费贷方余额15 000元。

则应付福利费清查核实情况如下:

账面余额(贷方)=15 000元

账面数(贷方)=15 000元

清查核实增加数=0

清查核实减少数=0

核实数(贷方)=账面数(贷方)+清查核实增加数-清查核实减少数

=15 000+0-0

=15 000(元)

见表格"京农清明细13"。

应付福利费清查登记表

京农清明细13

乡镇（街）____ 村（居）____ 组/____企业 2020年12月31日　　单位：元

编号	使用项目	受益对象	支付时间	账面数 借方	账面数 贷方	清查核实 增加+	清查核实 减少-	核实数 借方	核实数 贷方	备注
	(1)	(2)	(3)	(4)	(5)	(6)	(7)	(8)	(9)	(10)
1	慰问困难群众	困难村民	过节		12 000.00				12 000.00	
2	计提福利费	全体村民	不确定		3 000.00				3 000.00	
3										
4										
5										
6										
7										
8										
合计					15 000.00				15 000.00	—

相关事项说明：

资产清查工作小组负责人（签章）：

填表人：

84. "'一事一议'资金清查登记表"如何填报？

本表反映涉及"一事一议"资金的清查情况。由集体经济组织填报，全资企业不填报。应根据涉及该项资金的负债类相关科目单独填列，同时扣减相应科目的填报数据。"核实数"与"账面数"存在差异的，要在"备注"栏中填写差异原因。表内勾稽关系：(2) = (3) + (4) + (5) + (6) + (7)；(9) = (2) – (8)；(12) = (9) + (10) – (11)。

【案例】某村集体经济组织2020年12月31日"一事一议"资金明细账"2016山体防护工程"账面贷方余额1 600元，其中：项目预算150 000元（财政奖补80 000元、村民自筹20 000元、接受社会捐赠及赞助计30 000元、集体出资20 000元），项目完成决算金额148 400元，结余1 600元。2021年1月31日清查时"一事一议"明细账贷方余额1 600元。

"一事一议"资金清查核实情况如下：

账面余额 = 1 600元

账面数 = 账面余额 + 账务清查调整增加 – 账务调整减少
　　　 = 1 600 + 0 – 0
　　　 = 1 600（元）

清查核实增加数 = 0

清查核实减少数 = 0

核实数 = 账面数 + 清查核实增加数 – 清查核实减少数
　　　 = 1 600 + 0 – 0
　　　 = 1 600（元）

见表格"京农清明细14"。

"一事一议"资金清查登记表

_____乡镇(街)_____村(居)_____组　　2020年12月31日　　京农清明细14
单位：元

编号	项目名称	项目预算(金额)	资金来源(金额)					已使用资金	账面数	清查核实		核实数	备注
			财政奖补	社会捐赠	村民自筹	集体出资	其他			增加+	减少-		
	(1)	(2)	(3)	(4)	(5)	(6)	(7)	(8)	(9)	(10)	(11)	(12)	(13)
1	2016山体防护工程	150 000.00	80 000.00	30 000.00	20 000.00	20 000.00		148 400	1 600.00			1 600.00	
2													
3													
4													
5													
6													
7													
8													
9													
合计		150 000.00	80 000.00	30 000.00	20 000.00	20 000.00		148 400	1 600.00			1 600.00	—

相关事项说明：

填表人：　　　　资产清查工作小组负责人（签章）：

85. "专项应付款清查登记表"如何填报？

本表反映专项应付款的清查情况。拨入数（总金额）－已使用数＝账面数；核实数＝账面数＋清查核实增加－清查核实减少。"核实数"与"账面数"存在差异的，要"备注"栏中填写差异原因。表内勾稽关系：（8）＝（5）－（7）；（12）＝（8）＋（10）－（11）。

【案例】 某村集体经济组织2020年12月31日"专项应付款"贷方余额360 000元，明细账记录如下：

（1）"土地补偿费"账面贷方余额170 000元，系2019年10月××县政府征用该村集体土地19公顷，××县财政局拨入各类补偿费4 000 000元，其中：土地补偿费3 000 000元、村民安置补助费1 000 000元。2020年5月之前已按规定将土地补偿费100%分配给受益所属村民共计3 000 000元；于2020年8月之前已按××县政府文件要求将安置补助费支付给了应安置人员114人计700 000元，2020年10月村委会使用集体留存130 000元购买一处底商门面房，余留170 000元村集体留存安置费继续挂账。2021年1月31日清查入场清查时，该明细账贷方余额170 000元。

（2）"党组织活动经费"账面贷方余额190 000元，系2020年12月××乡政府拨入用于抗击新冠肺炎疫情购买防疫物资用款，其中：2021年1月15日已使用90 000元。2021年1月31日清查时，该明细账贷方余额100 000元。

专项应付款清查核实情况如下：

账面余额＝360 000元

清查时点账面余额＝170 000＋100 000

＝270 000（元）

倒轧至资产清查基准日账面数＝清查时点账面数＋清查基准日至清查时点减少数－清查基准日至清查时点增加数

＝270 000＋90 000－0

$$= 360\,000\text{（元）}$$

清查核实增加 = 0

清查核实减少 = 0

核实数 = 账面数 + 清查核实增加 − 清查核实减少

$$= 360\,000 + 0 - 0$$

$$= 360\,000\text{（元）}$$

见表格"京农清明细15"。

专项应付款清查登记表

京农清明细15

___乡镇（街）___村（居）___组／___企业 2020 年12 月31 日

单位：元

编号	拨款单位	拨款用途	拨入时间	具体使用情况	拨入数 总金额	拨入数 其中：征地补偿费	已使用金额	账面数 总金额	账面数 其中：征地补偿费	清查核实 总金额增加＋	清查核实 总金额减少－	核实数 总金额	核实数 其中：征地补偿费	备注
	(1)	(2)	(3)	(4)	(5)	(6)	(7)	(8)	(9)	(10)	(11)	(12)	(13)	(14)
1	××县财政局	征地补偿	2019年10月	分配及购买底商	4 000 000.00	3 000 000.00	3 830 000.00	170 000.00				170 000.00		
2	××乡政府	抗击疫情	2020年12月	一线人员使用	190 000.00			190 000.00				190 000.00		
3														
4														
5														
6														
7														
8														
9														
合计	—	—	—	—	4 190 000.00	3 000 000.00	3 830 000.00	360 000.00				360 000.00		—

相关事项说明：

填表人：   资产清查工作小组负责人（签章）：

86. "所有者权益清查登记表"如何填报?

本表反映集体经济组织(单位、企业)所有者权益的清查情况。核实数=账面数+清查核实增加-清查核实减少。"增加""减少"等情况,要在"备注"栏中填写增加(减少)的原因。表内勾稽关系:1=2+3+4;5=6+7+8+9+10+11+12;15=1+5+13+14;(4)=(1)+(2)-(3)。

【案例1】某村集体经济组织2020年12月31日实收资本明细账记录如下:

(1) "实收资本——入社股金"明细账贷方余额75 000元,包括:社员入股20 000元、联社入股40 000元、其他入股15 000元;

(2) "实收资本——转增资本"明细账贷方余额10 000元,系以前年度公积金转入;

(3) "实收资本——其他"明细账贷方余额为5 000元。

2021年1月1—31日未发生实收资本增加、减少事项。2021年1月31日实收资本账面余额90 000元。

2021年1月31日,在现场清查时,函证发现以下事项:

(1) "实收资本——入社股金(社员入股)"账户中,李某、周某贷方余额各为100元,系当年入社股金,此二人均已过世,李某的继承人为其女儿,周某没有继承人。按相关制度规定办理相关手续后,经集体经济组织成员(代表)大会讨论决定,并报乡经管站审核批准。账务处理如下:

借:实收资本——入社股金——李某　　　　100
　　　　　　　　　　　　　——周某　　　　100
　　贷:实收资本——入社股金——李某女儿　　100
　　　　　　　　　　　　　——集体股金　　100

(2) "实收资本——入社股金(××乡供销联社)"账面贷方余额40 000元。经与××乡供销联社进行函证核实,××乡供销联社回函确认入社股金30 000元。双方追溯查找发现，2016年以前双方账目对应无误，2016年2月××乡供销联社同意撤回投资10 000元但款项未实际支付，而该村村委会未将××乡供销联社撤回投资的10 000元入账。经协商，××乡供销联社同意不再收回该撤资款。按照规定程序办理相关审核手续，经集体经济组织成员（代表）大会讨论决定，并报乡经管站审核批准。账务处理如下：

借：实收资本——入社股金（××乡供销联社）
　　　　　　　　　　　　　　　　　　　　　　10 000
　贷：未分配利润　　　　　　　　　　　　　　10 000

（3）"实收资本——入社股金（其他入股）"账面贷方余额15 000元、明细账"实收资本——其他"账面贷方余额5 000元。经多方查证，无法确定具体投资人，经集体经济组织成员（代表）大会讨论决定，并报乡经管站审核批准，全部转入集体股股金。账务处理如下：

借：实收资本——入社股金（其他入股）　　15 000
　　实收资本——其他　　　　　　　　　　　5 000
　贷：实收资本——入社股金（集体入股）　　20 000

账面余额 = 75 000 + 10 000 + 5 000 = 90 000（元）
清查核实增加数 = 20 000 + 100 + 100 = 20 200（元）
清查核实减少数 = 15 000 + 5 000 + 10 000 + 100 + 100
　　　　　　　 = 30 200（元）
核实数 = 账面数 + 清查核实增加 − 清查核实减少
　　　 = 90 000 + 20 200 − 30 200
　　　 = 80 000（元）

【案例2】接上例，某村集体经济组织2020年1月31日资本公积及盈余公积账面余额情况如下：

（1）2020年12月31日"资本公积"科目贷方余额1 656 400元，包括：以前年度股本溢价转入500 000元；征地安置费转入1 000 000元；"一事一议"资金转入44 000元；其他112 400元。

（2）2020年12月31日"盈余公积"科目贷方余额1 470 445元，全部系村集体经济组织累计计提盈余公积金余额1 470 445元。

2021年1月1日至1月31日未发生资本公积及盈余公积的增加、减少事项。2021年1月31日"资本公积"科目贷方余额1 656 400元；"盈余公积"科目贷方余额1 470 445元。

该村集体经济组织2021年1月31日在资产清查现场清查核实，未发现盈余公积清查核实增加或减少事项。

2021年1月31日在资产清查现场清查过程中，除林木资产、非经营性固定资产、在建工程及无形资产等资产清查中发现存在相应的资本公积清查核实增加或减少事项外，无其他清查核实增、减事项。

则所有者权益清查核实情况如下：

（1）盈余公积清查核实情况如下：

账面数 = 1 470 445 元

核实数 = 账面数 + 清查核实增加 − 清查核实减少
　　　　= 1 470 445 + 0 − 0
　　　　= 1 470 445（元）

（2）资本公积清查核实情况如下：

账面数 = 500 000 + 1 000 000 + 44 000 + 112 400
　　　　= 1 656 400（元）

清查核实增加数 = 2 000 + 2 000 + 12 000 + 5 000
　　　　　　　　= 21 000（元）

清查核实减少数 = 120 000 元

核实数 = 账面数 + 清查核实增加 − 清查核实减少
　　　　= 1 656 400 + 21 000 − 120 000
　　　　= 1 557 400（元）

【案例3】接上例，某村集体经济组织2020年12月31日未分配利润账面余额2 700 005.28元，系2020年末未分配收益。

则未分配利润清查核实情况如下：

账面数 = 2 700 005.28 元

清查核实增加数 = 1 000 + 3 793.8 + 1 500 + 3 000 + 100 000 + 14 082 + 5 000 + 10 000

= 138 375.8（元）

清查核实数减少数 = 40 000 + 50 000 + 100 000 + 35 400 + 12 000 + 1 155.2 + 500 + 1 000 + 2 889 + 190 444 + 20 000 + 12 000 + 3 968

= 469 356.2（元）

核实数 = 账面数 + 清查核实增加 - 清查核实减少

= 2 700 005.28 + 138 375.8 - 469 356.2

= 2 369 024.88（元）

见表格"京农清明细16"。

所有者权益清查登记表

京农清明细16

乡镇（街）_____ 村（居）_____ 组／_____ 企业 2020年12月31日

单位：元

项目	行次	账面数 (1)	清查核实 增加+ (2)	清查核实 减少- (3)	核实数 (4)	备注 (5)
（一）实收资本	1	90 000.00	20 200.00	30 200.00	80 000.00	—
1. 入社资金	2	75 000.00	20 200.00	25 200.00	70 000.00	
2. 转增资本	3	10 000.00			10 000.00	
3. 其他	4	5 000.00		5 000.00	—	
（二）资本公积	5	1 656 400.00	21 000.00	120 000.00	1 557 400.00	—
1. 集体计提	6	—			—	
2. 资本溢价	7	500 000.00			500 000.00	
3. 接受捐赠	8	—	—	—	—	
4. 征地补偿费转入	9	1 000 000.00			1 000 000.00	
5. "一事一议"资金转入	10	44 000.00			44 000.00	
6. 政府拨款等形成资产转入	11					
7. 其他	12	112 400.00	21 000.00	120 000.00	13 400.00	
（三）盈余公积	13	1 470 445.00			1 470 445.00	
（四）未分配利润	14	2 700 005.28	138 375.80	469 356.20	2 369 024.88	
小计	15	5 916 850.28	179 575.80	619 556.20	5 476 869.88	—

相关事项说明：

填表人：　　　　　　　　　资产清查工作小组负责人（签章）：

87. "待界定资产清查登记表"如何填报？

本表反映由于特殊原因产权难以界定的集体资产，作为待界定资产。待界定资产不纳入本次资产清查集体资产的总额。

见表格"京农清明细17"。

待界定资产清查登记表

京农清明细17

乡镇（街）_____ 村（居）_____ 组／_____ 企业 2020年12月31日　　单位：个、台、元、亩、平方米等

编号	名称(1)	数量(2)	购建日期(3)	坐落或置放位置(4)	规格型号(5)	使用情况(6)	核实金额(7)	备注(8)
1								
2								
3								
4								
5								
6								
7								
8								
9								
小计				—	—	—		—

相关事项说明：　　　　　　　　　　　　　　　资产清查工作小组负责人（签章）：

填表人：

88. "资源性资产清查登记明细表-1（农用地）"如何填报？

本表反映集体拥有的农用地资源的清查情况。本表应区分"资源类型"分别填写。"资源类型"指耕地、园地、林地、草地、农田水利设施用地（沟渠）、养殖水面（坑塘水面）、其他农用地。"其他农用地"指集体拥有的上述耕地、园地、林地、草地、农田水利设施用地（沟渠）、养殖水面（坑塘）以外的农用地。"年收益"是指年度净收益；"已承包到户"包括采用确权确地，确权确股，确权确利方式确权的土地。表内勾稽关系：(1) = (2) + (11)；(2) = (3) + (5) + (9)。

见表格"京农清明细18-1"。

资源性资产清查登记明细表－1
（农用地）

京农清明细 18－1

2020 年 12 月 31 日　　　单位：亩、元

乡镇（街）_____ 村（居）_____ 组_____

编号	资源类型	总面积 面积	集体自主经营		未承包到户 出租经营				其他经营方式		面积	已承包到户 其中：流转入集体统一经营		备注
			面积	年收益	面积	承租人	起止时间	年租金	面积	年收益		面积	年收益	
		(1)	(2)	(3)	(4)	(5)	(6)	(7)	(8)	(9)	(10)	(11)	(12)	(13)	(14)
	一、农用地小计													
1	耕地													
2	园地													
3	林地													
4	草地													
5	农田水利设施用地（沟渠）													
6	养殖水面（坑塘水面）													
7	其他农用地													

相关事项说明：

填表人：　　　　　　　资产清查工作小组负责人（签章）：

89. "资源性资产清查登记明细表-2（建设用地）"如何填报？

本表反映集体拥有的建设用地的清查情况。本表应区分资源类型分别填写。"资源类型"指工矿仓储用地、商服用地、宅基地、公共管理与公共服务用地、交通运输和水利设施用地、其他经营性建设用地。"其他经营性建设用地"指集体拥有的上述工矿仓储用地、商服用地等以外的经营性建设用地。"年收益"是年度净收益。表内勾稽关系：（1）≥（2）；（2）=（3）+（5）+（9）+（13）。

见表格"京农清明细18-2"。

资源性资产清查登记明细表－2
（建设用地）

___乡镇（街） ___村（居） ___组　　2020年12月31日

京农清明细18－2
单位：亩、元

编号	资源类型	总面积	已开发利用													备注
			面积	集体自主经营		出租经营				对外投资			其他经营方式			
				面积	年收益	面积	承租人	起止时间	年租金	面积	投资对象	起止时间	年收益	面积	年收益	
		(1)	(2)	(3)	(4)	(5)	(6)	(7)	(8)	(9)	(10)	(11)	(12)	(13)	(14)	(15)
二、建设用地小计																
1	工矿仓储用地															
2	商服用地															
3	农村宅基地															
4	公共管理与公共服务用地															
5	交通运输和水利设施用地															
6	其他建设用地															

相关事项说明：

填表人：　　　　　　　　资产清查工作小组负责人（签章）：

90. "资源性资产清查登记明细表-3（未利用地、附报）"如何填报？

本表反映集体拥有的未利用地的清查情况，并附报"'四荒'地""待界定土地""林木"的清查情况。"'四荒'地"填报农村集体经济组织所有荒山、荒沟、荒丘、荒滩清查核实情况；"待界定土地"是指由于特殊原因权属难以界定的土地，填报农村集体土地与国有土地所有权有争议、协商不成的农用地、建设用地、未利用地清查核实情况；"林木"填报农村集体所有的公益林、商品林清查核实情况。"年收益"是指年度净收益。表内勾稽关系：(1)≥(2)；(2)=(3)+(5)+(9)+(13)。

见表格"京农清明细18-3"。

资源性资产清查登记明细表－3
（未利用地、附报）

乡镇（街）_____ 村（居）_____ 组_____　　2020年12月31日

单位：亩、立方米、元

京农清明细18－3

资源类型	总面积（体积）	已开发利用									备注
		集体自主经营		出租经营				其他经营方式			
	面积（体积）	面积（体积）	年收益（元）	面积（体积）	承租人	起止时间	年租金（元）	面积（体积）	年收益（元）		
	(1)	(2)	(3)	(4)	(5)	(6)	(7)	(8)	(9)	(10)	(11)
三、未利用地小计											
附报：											
（一）"四荒"地											
（二）待界定土地											
1. 待界定农用地											
2. 待界定建设用地											
3. 待界定未利用地											
（三）林木											
1. 公益林（立方米）											
2. 商品林（立方米）											

相关事项说明：

填表人：　　　　　　　　　　　　　资产清查工作小组负责人（签章）：

91. "资产负债表（组织）"如何填报？

本表反映集体经济组织清查前后资产负债的总体情况。本表根据"京农清明细01"至"京农清明细17"中各个会计科目合计数分别填写，"账面数"反映清查前集体经济组织的资产、负债及所有者权益情况，"核实数"反映清查核实后全资企业的资产、负债及所有者权益情况。"经营性资产"按照清查核实后长期投资、经营性固定资产、经营性固定资产清理、经营性在建工程、无形资产、长期待摊费用以及用于经营的流动资产和农业资产的合计数填写。"非经营性资产"按照清查核实后非经营性固定资产、非经营性固定资产清理、非经营性在建工程以及用于公共服务的流动资产和农业资产的合计数写。"待界定资产"按照"京农清明细17"的合计数填写。

核实数＝账面数＋核实增加金额－核实减少金额。表内勾稽关系：1＝2＋4＋5＋6＋7＋8＋9＋10；12＝13＋15；18＝19＋20；26＝24－25；22＝26＋28＋30；33＝34＋35；36＝1＋12＋18＋22＋33；37＝38＋39＋40＋41＋42＋43＋44＋45＋46＋47；49＝50＋51＋52＋53；56＝57＋59＋62＋63；65＝37＋49＋56；36＝65＝68＋69。

见表格"京农清明细19－1"。

资产负债表（组织）

乡镇（街）_____ 村（居）_____ 组_____ 2020年12月31日

京农清明细19-1   单位：元

资产	编号	2020年账面数	2020年核实数	负债及所有者权益	编号	2020年账面数	2020年核实数
一、流动资产合计	1	2 410 787.40	2 177 026.00	一、流动负债合计	37	1 262 295.24	1 144 181.24
1. 货币资金	2	110 800.00	109 800.00	1. 短期借款	38	500 000.00	440 000.00
其中：库存现金	3	10 800.00	9 800.00	2. 应付账款	39	25 450.00	22 450.00
2. 短期投资	4	140 000.00	100 000.00	3. 预收账款	40	556 000.00	456 000.00
3. 应收账款	5	185 400.00	135 400.00	4. 应付工资	41	19 000.00	19 000.00
4. 预付款项	6	850 000.00	750 000.00	5. 应付福利费	42	15 000.00	15 000.00
5. 应收股利	7	—	—	6. 应交税费	43	66 480.24	56 366.24
6. 应收利息	8	—	—	7. 应付利息	44	—	—
7. 其他应收款	9	741 400.00	707 000.00	8. 应付股利	45	—	—
8. 存货	10	383 187.40	374 826.00	9. 其他应付款	46	80 365.00	135 365.00
	11			10. 递延收益	47	—	—
二、农业资产合计	12	18 790.00	22 790.00		48		
1. 牲畜（禽）资产	13	6 100.00	7 100.00	二、长期负债合计	49	7 861 600.00	7 861 600.00
其中：产役畜	14	6 100.00	4 000.00	1. 长期借款	50	6 000 000.00	6 000 000.00
2. 林木资产	15	12 690.00	15 690.00	2. 长期应付款	51	1 500 000.00	1 500 000.00
其中：经济林木	16	5 800.00	6 800.00	3. "一事一议"资金	52	1 600.00	1 600.00
	17			4. 专项应付款	53	360 000.00	360 000.00
三、长期资产合计	18	12 000 000.00	12 000 000.00	其中：征地补偿费	54	—	—
1. 长期股权投资	19	12 000 000.00	12 000 000.00		55		

续表

资产	编号	2020年账面数	2020年核实数	负债及所有者权益	编号	2020年账面数	2020年核实数
2. 长期债权投资	20		-	三、所有者权益总计	56	5 916 850.28	5 476 869.88
	21			1. 实收资本	57	90 000.00	80 000.00
四、固定资产合计	22	573 168.12	271 835.12	其中：政府拨款等形成资产转增资本	58		-
其中：经营性固定资产	23	125 440.00	137 440.00	2. 资本公积	59	1 656 400.00	1 557 400.00
1. 固定资产原值	24	269 500.00	276 500.00	其中：征地补偿费转入	60		-
2. 累计折旧	25	96 775.88	94 664.88	政府拨款等形成资产转入	61		-
3. 固定资产净值	26	172 724.12	181 835.12	3. 盈余公积	62	1 470 445.00	1 470 445.00
其中：经营性固定资产净值	27	125 440.00	137 440.00	4. 未分配利润	63	2 700 005.28	2 369 024.88
4. 固定资产清理	28		-		64		
其中：经营性固定资产清理	29		-	负债和所有者权益合计	65	15 040 745.52	14 482 651.12
5. 在建工程	30	400 444.00	90 000.00	附报：	66		
其中：经营性在建工程	31	190 444.00	-	1. 经营性资产	67		
五、其他资产	32			2. 非经营性资产	68	14 031 261.40	13 641 456.00
1. 无形资产	33	38 000.00	11 000.00	3. 待界定资产	69	1 009 484.12	841 195.12
2. 长期待摊费用	34	38 000.00	11 000.00		70		
资产总计	36	15 040 745.52	14 482 651.12				
	35		-				

备注：

填表人：

资产清查工作小组（签章）：

92. "资产负债表（全资企业）"如何填报？

本表反映全资企业清查前后资产负债的总体情况。本表根据"京农清明细01"至"京农清明细17"中各个会计科目合计数分别填写，账面数反映清查前全资企业的资产、负债及所有者权益情况，核实数反映清查核实后全资企业的资产、负债及所有者权益情况。

核实数＝账面数＋核实增加金额－核实减少金额。勾稽关系：1＝2＋4＋5＋6＋7＋8＋9＋10；12＝13＋15；18＝19＋20；26＝24－25；22＝26＋28＋30；33＝34＋35；36＝1＋12＋18＋22＋33；37＝38＋39＋40＋41＋42＋43＋44＋45＋46＋47；49＝50＋51＋52＋53；56＝57＋59＋62＋63；65＝37＋49＋56；36＝65。

见表格"京农清明细19－2"。

资产负债表（全资企业）

乡镇（街）_____ 村（居）_____ 组_____ 企业_____ 2020年12月31日

京农清明细19-2

单位：元

资产	编号	2020年账面数	2020年核实数	负债及所有者权益	编号	2020年账面数	2020年核实数
一、流动资产合计	1			一、流动负债合计	37		
1.货币资金	2			1.短期借款	38		
其中：库存现金	3			2.应付账款	39		
2.短期投资	4			3.预收账项	40		
3.应收账款	5			4.应付工资	41		
4.预付款项	6			5.应付福利费	42		
5.应收股利	7			6.应交税费	43		
6.应收利息	8			7.应付利息	44		
7.其他应收款	9			8.应付股利	45		
8.存货	10			9.其他应付款	46		
	11			10.递延收益	47		
二、农业资产合计	12			二、长期负债合计	48		
1.牲畜（禽）资产	13			1.长期借款	49		
其中：产役畜	14			2.长期应付款	50		
2.林木资产	15			3."一事一议"资金	51		
其中：经济林木	16			4.专项应付款	52		
	17				53		
三、长期资产合计	18			其中：征地补偿费	54		
1.长期股权投资	19				55		

161

续表

资产	编号	2020年账面数	2020年核实数	负债及所有者权益	编号	2020年账面数	2020年核实数
2. 长期债权投资	20			三、所有者权益总计	56		
四、固定资产合计	21			1. 实收资本	57		
其中：经营性固定资产	22			其中：政府拨款等形成资产转增资本	58		
1. 固定资产原值	23			2. 资本公积	59		
2. 累计折旧	24			其中：征地补偿费转入	60		
3. 固定资产净值	25			政府拨款等形成资产转入	61		
其中：经营性固定资产净值	26			3. 盈余公积	62		
4. 固定资产清理	27			4. 未分配利润	63		
其中：经营性固定资产清理	28			负债和所有者权益合计	64		
5. 在建工程	29				65		
其中：经营性在建工程	30						
五、其他资产	31						
1. 无形资产	32						
2. 长期待摊费用	33						
资产总计	34						
	35						
	36			资产清查工作小组（签章）：			

备注：

填表人：

93. "资产负债表合并表(组织)"如何填报?

本表由乡镇、村、组集体经济组织填写,是集体经济组织和所属全资企业资产负债相关科目合并后的报表。表内勾稽关系同表"京农清明细19"。账面合并数=账面数-合并抵销数;核实合并数=核实数-合并抵销数。表内勾稽关系同表"京农清明细19-1"。

见表格"京农清明细20"。

资产负债表合并表（组织）

乡镇（街）_____ 村（居）_____ 组_____ 2020年12月31日

京农清明细20
单位：元

资产	编号	账面数	核实数	负债及所有者权益	编号	账面数	核实数
一、流动资产合计	1	2 410 787.40	2 177 026.00	一、流动负债合计	37	1 262 295.24	1 144 181.24
1. 货币资金	2	110 800.00	109 800.00	1. 短期借款	38	500 000.00	440 000.00
其中：库存现金	3	10 800.00	9 800.00	2. 应付账款	39	25 450.00	22 450.00
2. 短期投资	4	140 000.00	100 000.00	3. 预收账款	40	556 000.00	456 000.00
3. 应收账款	5	185 400.00	135 400.00	4. 应付工资	41	19 000.00	19 000.00
4. 预付款项	6	850 000.00	750 000.00	5. 应付福利费	42	15 000.00	15 000.00
5. 应收股利	7	—	—	6. 应交税费	43	66 480.24	56 366.24
6. 应收利息	8	—	—	7. 应付利息	44	—	—
7. 其他应收款	9	741 400.00	707 000.00	8. 应付股利	45	—	—
8. 存货	10	383 187.40	374 826.00	9. 其他应付款	46	80 365.00	135 365.00
	11			10. 递延收益	47	—	—
二、农业资产合计	12	18 790.00	22 790.00		48		
1. 牲畜（禽）资产	13	6 100.00	7 100.00	二、长期负债合计	49	7 861 600.00	7 861 600.00
其中：产役畜	14	6 100.00	4 000.00	1. 长期借款	50	6 000 000.00	6 000 000.00
2. 林木资产	15	12 690.00	15 690.00	2. 长期应付款	51	1 500 000.00	1 500 000.00
其中：经济林木	16	5 800.00	6 800.00	3. "一事一议"资金	52	1 600.00	1 600.00
	17			4. 专项应付款	53	360 000.00	360 000.00
三、长期资产合计	18	12 000 000.00	12 000 000.00	其中：征地补偿费	54	—	—
1. 长期股权投资	19	12 000 000.00	12 000 000.00		55		

续表

资产	编号	账面数	核实数	负债及所有者权益	编号	账面数	核实数
2. 长期债权投资	20			三、所有者权益总计	56	5 916 850.28	5 476 869.88
	21			1. 实收资本	57	90 000.00	80 000.00
四、固定资产合计	22	573 168.12	271 835.12	其中：政府拨款等形成资产转增资本	58	—	—
1. 经营性固定资产	23	125 440.00	137 440.00	2. 资本公积	59	1 656 400.00	1 557 400.00
其中：经营资产原值	24	269 500.00	276 500.00	其中：征地补偿费等转入	60	—	—
2. 累计折旧	25	96 775.88	94 664.88	政府拨款等形成资产转入	61		
3. 固定资产净值	26	172 724.12	181 835.12	3. 盈余公积	62	1 470 445.00	1 470 445.00
其中：经营性固定资产净值	27	125 440.00	137 440.00	4. 未分配利润	63	2 700 005.28	2 369 024.88
4. 固定资产清理	28		—		64		
其中：经营性固定资产清理	29		—	负债和所有者权益合计	65	15 040 745.52	14 482 651.12
5. 在建工程	30	400 444.00	90 000.00	附报：	66		
其中：经营性在建工程	31	190 444.00	—	1. 经营性资产	67		
五、其他资产	32			2. 非经营性资产	68	14 031 261.40	13 641 456.00
1. 无形资产	33	38 000.00	11 000.00	3. 待界定资产	69	1 009 484.12	841 195.12
2. 长期待摊费用	34	38 000.00	11 000.00		70		
	35						
资产总计	36	15 040 745.52	14 482 651.12				

备注：

填表人：　　　　　　　　　　　　资产清查工作小组（签章）：

94. "资源性资产清查登记总表"如何填报？

本表反映集体资源性资产的清查情况。集体资源性资产清查要与农村集体土地确权登记发证、农村土地承包经营权确权登记颁证、集体林权确权登记颁证、草原确权登记颁证等不动产登记、自然资源确权登记工作相衔接，利用登记成果、森林资源档案等登记入账。如重新实测，要在"备注"栏中填写原因。待界定土地按照农用地、建设用地、未利用地分别填写。林木按照公益林、商品林分别填写。表内勾稽关系：1＝2＋15＋22；2＝3＋5＋7＋9＋11＋12＋14；15＝16＋17＋18＋19＋20＋21；25＝26＋27＋28；29＝30＋31。

见表格"京农清明细21"。

资源性资产清查登记总表

京农清明细21

____乡镇（街）____村（居）____组 2020年12月31日   单位：亩、立方米

项目	行次	2019年面积	备注
集体土地总面积	1		
（一）农用地	2		
1.耕地	3		
其中：未承包到户面积	4		
2.园地	5		
其中：未承包到户面积	6		
3.林地	7		
其中：未承包到户面积	8		
4.草地	9		
其中：未承包到户面积	10		
5.农田水利设施用地（沟渠）	11		
6.养殖水面（坑塘水面）	12		
其中：未承包到户面积	13		
7.其他农用地	14		
（二）建设用地	15		
1.工矿仓储用地	16		
2.商服用地	17		
3.农村宅基地	18		
4.公共管理与公共服务用地	19		
5.交通运输和水利设施用地	20		
6.其他建设用地	21		
（三）未利用地	22		
附报：	23		
（一）"四荒"地	24		
（二）待界定土地	25		
1.待界定农用地	26		
2.待界定建设用地	27		
3.待界定未利用地	28		
（三）林木	29		
1.公益林（立方米）	30		
2.商品林（立方米）	31		

相关事项说明：

填表人：

资产清查工作小组负责人（签章）：

95. "资产负债汇总表(组织)"如何填报?

本表反映的是北京市各区、乡镇(街道)汇总的辖区范围内的乡镇、村、组三级集体经济组织(不含所属全资企业)清查前后资产负债的总体情况。应按照乡镇、村、组三级集体经济组织分别汇总分开上报。核实数=账面数+核实增加金额-核实减少金额。表内勾稽关系同表"京农清明细19-1"。

见表格"京农清汇总01-1"。

资产负债汇总表（组织）
（乡镇级、村级、组级）
2020年12月31日

填报单位：_____
京农清汇总01-1
单位：元

资产	编号	账面数	核增金额	核减金额	核实数	负债及所有者权益	编号	账面数	核增金额	核减金额	核实数
一、流动资产合计	1	2 410 787.40	5 793.80	239 555.20	2 177 026.00	一、流动负债合计	37	1 262 295.24	65 968.00	184 082.00	1 144 181.24
1. 货币资金	2	110 800.00		1 000.00	109 800.00	1. 短期借款	38	500 000.00		60 000.00	440 000.00
其中：库存现金	3	10 800.00		1 000.00	9 800.00	2. 应付账款	39	25 450.00	2 000.00	5 000.00	22 450.00
2. 短期投资	4	140 000.00		40 000.00	100 000.00	3. 预收账款	40	556 000.00		100 000.00	456 000.00
3. 应收账款	5	185 400.00		50 000.00	135 400.00	4. 应付工资	41	19 000.00			19 000.00
4. 预付款项	6	850 000.00		100 000.00	750 000.00	5. 应付福利费	42	15 000.00			15 000.00
5. 应收股利	7				-	6. 应交税费	43	66 480.24	3 968.00	14 082.00	56 366.24
6. 应收利息	8				-	7. 应付利息	44				-
7. 其他应收款	9	741 400.00	1 000.00	35 400.00	707 000.00	8. 应付股利	45				-
8. 存货	10	383 187.40	4 793.80	13 155.20	374 826.00	9. 其他应付款	46	80 365.00	60 000.00	5 000.00	135 365.00
	11					10. 递延收益	47				-
二、农业资产合计	12	18 790.00	5 500.00	1 500.00	22 790.00		48				
1. 牲畜（禽）资产	13	6 100.00	1 500.00	500.00	7 100.00	二、长期负债合计	49	7 861 600.00	-	-	7 861 600.00
其中：产役畜	14	6 100.00	1 500.00	500.00	7 100.00	1. 长期借款	50	6 000 000.00			6 000 000.00
2. 林木资产	15	12 690.00	4 000.00	1 000.00	15 690.00	2. 长期应付款	51	1 500 000.00			1 500 000.00
其中：经济林木	16	5 800.00	2 000.00	1 000.00	6 800.00	3. "一事一议"资金	52	1 600.00			1 600.00
	17					4. 专项应付款	53	360 000.00			360 000.00
三、长期资产合计	18	12 000 000.00	-	-	12 000 000.00	其中：征地补偿费	54				
1. 长期股权投资	19	12 000 000.00			12 000 000.00		55				

续表

资产	编号	账面数	核增金额	核减金额	核实数	负债及所有者权益	编号	账面数	核增金额	核减金额	核实数
2. 长期债权投资	20					三、所有者权益总计	56	5 916 850.28	179 575.80	619 556.20	5 476 869.88
四、固定资产合计	21					1. 实收资本	57	90 000.00	20 200.00	30 200.00	80 000.00
其中：经营性固定资产	22	573 168.12	12 000.00	313 333.00	271 835.12	其中：政府拨款等形成资本转增资本	58				—
1. 固定资产原值	23	125 440.00	12 000.00		137 440.00	2. 资本公积	59	1 656 400.00	21 000.00	120 000.00	1 557 400.00
其中：经营性固定资产	24	269 500.00	12 000.00	5 000.00	276 500.00	其中：征地补偿款转入	60				
2. 累计折旧	25	96 775.88		2 111.00	94 664.88	政府拨款等形成资产转入	61				—
3. 固定资产净值	26	172 724.12	12 000.00	2 889.00	181 835.12	3. 盈余公积	62	1 470 445.00			1 470 445.00
其中：经营性固定资产净值	27	125 440.00	12 000.00		137 440.00	4. 未分配利润	63	2 700 005.28	138 375.80	469 356.20	2 369 024.88
4. 固定资产清理	28						64				
其中：经营性固定资产清理	29					负债和所有者权益合计	65	15 040 745.52	245 543.80	803 638.20	14 482 651.12
5. 在建工程	30	400 444.00		310 444.00	90 000.00	附报：	66				
其中：经营性在建工程	31	190 444.00		190 444.00	—		67				
五、其他资产	32					1. 经营性资产	68	14 031 261.40	37 293.80	427 099.20	13 641 456.00
1. 无形资产	33	38 000.00	5 000.00	32 000.00	11 000.00	2. 非经营性资产	69	1 009 484.12	208 250.00	376 539.00	841 195.12
2. 长期待摊费用	34	38 000.00	5 000.00	32 000.00	11 000.00	3. 待定资产	70				—
	35				—						
资产总计	36	15 040 745.52	28 293.80	586 388.20	14 482 651.12						

备注：

填表人：　　　　　　填报单位（公章）：

96. "资产负债汇总表（全资企业）"如何填报？

本表反映的是北京市各区、乡镇（街道）汇总的辖区范围内的乡镇、村、组集体经济组织所属全资企业清查前后资产负债的总体情况。应按照乡镇、村、组三级集体经济组织所属全资企业分别汇总分开上报。核实数＝账面数＋核实增加金额－核实减少金额。表内勾稽关系同表"京农清明细19－2"。

见表格"京农清汇总01－2"。

资产负债汇总表（全资企业）
（乡镇级、村级、组级）

2020年12月31日

填报单位：

京农清汇总01-2
单位：元

资产	编号	账面数	核增金额	核减金额	核实数	负债及所有者权益	编号	账面数	核增金额	核减金额	核实数
一、流动资产合计	1					一、流动负债合计	36				
1. 货币资金	2					1. 短期借款	37				
其中：库存现金	3					2. 应付账款	38				
2. 短期投资	4					3. 预收账款	39				
3. 应收账款	5					4. 应付工资	40				
4. 预付款项	6					5. 应付福利费	41				
5. 应付股利	7					6. 应交税费	42				
6. 应收利息	8					7. 应付利息	43				
7. 其他应收款	9					8. 应付股利	44				
8. 存货	10					9. 其他应付款	45				
	11					10. 递延收益	46				
二、农业资产合计	12					二、长期负债合计	47				
1. 牲畜（禽）资产	13					1. 长期借款	48				
其中：产役畜	14					2. 长期应付款	49				
2. 林木资产	15					3. "一事一议"资金	50				
其中：经济林木	16					4. 专项应付款	51				
	17					其中：征地补偿费	52				
三、长期资产合计	18						53				
1. 长期股权投资	19						54				

第三部分 资产清查报表的填报

续表

资产	编号	账面数	核增金额	核减金额	核实数	负债及所有者权益	编号	账面数	核增金额	核减金额	核实数
2. 长期债权投资	20					三、所有者权益	55				
	21					1. 实收资本	56				
四、固定资产合计	22					其中:政府拨款等形成资产转增资本	57				
其中:经营性固定资产	23					2. 资本公积	58				
1. 固定资产原值	24					其中:征地补偿费转入政府拨款等形成资本	59				
2. 累计折旧	25						60				
3. 固定资产净值	26					3. 盈余公积	61				
经营性固定资产净值	27					4. 未分配利润	62				
4. 固定资产清理	28						63				
经营性固定资产清理	29					负债和所有者权益合计	64				
5. 在建工程	30										
其中:经营性在建工程	31										
五、其他资产	32										
1. 无形资产	33										
2. 长期待摊费用	34										
资产总计	35										

备注:

填报单位(公章):

填表人:

97. "资产负债合并汇总表"（京农清汇总01–3）如何填报？

本表反映的是北京市各区、乡镇（街道）汇总的辖区范围内的乡镇、村、组三级集体经济组织及其所属全资企业清查前后资产负债的总体情况。应按照乡镇、村、组三级集体经济组织及其所属全资企业的合并汇总数分别填报。表内勾稽关系同表"京农清明细19–1"。根据京政农函〔2018〕26号文件中"全资持有的被投资企业，要将其资产清查后生成的资产负债表，与集体经济组织的资产负债相关科目进行合并，同时集体经济组织与被投资企业之间、集体企业与被投资企业之间的债权和债务项目要相互抵销"的要求，填列本表中"合并抵销数"。账面合并数＝账面数－合并抵销数，核实合并数＝核实数－合并抵销数。表内勾稽关系同表"京农清明细20"。

见表格"京农清汇总01–3"。

资产负债合并汇总表
（乡镇级、村级、组级）

2020年12月31日

填报单位：_____

京农清汇总01-3　单位：元

资产	编号	2020年账面数	2020年核实数	负债及所有者权益	编号	2020年账面数	2020年核实数
一、流动资产合计	1	2 410 787.40	2 177 026.00	负债及所有者权益合计	37	1 262 295.24	1 144 181.24
1. 货币资金	2	110 800.00	109 800.00	一、流动负债合计	38	500 000.00	440 000.00
其中：库存现金	3	10 800.00	9 800.00	1. 短期借款	39	25 450.00	22 450.00
2. 短期投资	4	140 000.00	100 000.00	2. 应付账款	40	556 000.00	456 000.00
3. 应收账款	5	185 400.00	135 400.00	3. 预收账款	41	19 000.00	19 000.00
4. 预收款项	6	850 000.00	750 000.00	4. 应付工资	42	15 000.00	15 000.00
5. 应收股利	7	—	—	5. 应付福利费	43	66 480.24	56 366.24
6. 应收利息	8	—	—	6. 应交税费	44	—	—
7. 其他应收款	9	741 400.00	707 000.00	7. 应付利息	45	80 365.00	135 365.00
8. 存货	10	383 187.40	374 826.40	8. 应付股利	46	—	—
二、农业资产合计	11			9. 其他应付款	47		
1. 牲畜（禽）资产	12	18 790.00	22 790.00	10. 递延收益	48		
其中：产役畜	13	6 100.00	7 100.00	二、长期负债合计	49	7 861 600.00	7 861 600.00
2. 林木资产	14	6 100.00	4 000.00	1. 长期借款	50	6 000 000.00	6 000 000.00
其中：经济林木	15	12 690.00	15 690.00	2. 长期应付款	51	1 500 000.00	1 500 000.00
	16	5 800.00	6 800.00	3. "一事一议"资金	52	1 600.00	1 600.00
	17			4. 专项应付款	53	360 000.00	360 000.00
三、长期资产合计	18	12 000 000.00	12 000 000.00	其中：征地补偿费	54	—	—
1. 长期股权投资	19	12 000 000.00	12 000 000.00		55		

续表

资产	编号	2020年账面数	2020年核实数	负债及所有者权益	编号	2020年账面数	2020年核实数
2. 长期债权投资	20	-	-	三、所有者权益总计	56	5 916 850.28	5 476 869.88
	21			1. 实收资本	57	90 000.00	80 000.00
四、固定资产合计	22	573 168.12	271 835.12	其中：政府拨款等形成资产转增资本	58	-	-
其中：经营性固定资产	23	125 440.00	137 440.00	2. 资本公积	59	1 656 400.00	1 557 400.00
1. 固定资产原值	24	269 500.00	276 500.00	其中：征地补偿费转入	60		
2. 累计折旧	25	96 775.88	94 664.88	政府拨款等形成资产转入	61		
3. 固定资产净值	26	172 724.12	181 835.12	3. 盈余公积	62	1 470 445.00	1 470 445.00
其中：经营性固定资产净值	27	125 440.00	137 440.00	4. 未分配利润	63	2 700 005.28	2 369 024.58
4. 固定资产清理	28	-	-		64		
其中：经营性固定资产清理	29	-	-	负债和所有者权益合计	65	15 040 745.52	14 482 651.12
5. 在建工程	30	400 444.00	90 000.00	附报：	66		
其中：经营性在建工程	31	190 444.00	-		67		
五、其他资产	32			1. 经营性资产	68	14 031 261.40	13 641 456.00
1. 无形资产	33	38 000.00	11 000.00	2. 非经营性资产	69	1 009 484.12	841 195.12
2. 长期待摊费用	34	38 000.00	11 000.00	3. 待界定资产	70		
	35	-	-		71		
资产总计	36	15 040 745.52	14 482 651.12		72		

备注：

填表人： 填报单位（公章）：

98. "资源性资产清查登记汇总表"如何填报?

本表反映的是北京市各区、乡镇(街道)汇总的辖区范围内的乡镇、村、组三级集体经济组织清查前后集体资源性资产的清查情况。应根据乡镇、村、组三级集体经济组织按层级分别汇总上报。表内勾稽关系同"京农清明细21"。

见表格"京农清汇总02"。

资源性资产清查登记汇总表

（乡镇级、村级、组级）

京农清汇总02

填报单位_____　　　　2020年12月31日　　　　单位：亩、立方米

项目	行次	2019年面积	备注
集体土地总面积	1		
（一）农用地	2		
1. 耕地	3		
其中：未承包到户面积	4		
2. 园地	5		
其中：未承包到户面积	6		
3. 林地	7		
其中：未承包到户面积	8		
4. 草地	9		
其中：未承包到户面积	10		
5. 农田水利设施用地（沟渠）	11		
6. 养殖水面（坑塘水面）	12		
其中：未承包到户面积	13		
7. 其他农用地	14		
（二）建设用地	15		
1. 工矿仓储用地	16		
2. 商服用地	17		
3. 农村宅基地	18		
4. 公共管理与公共服务用地	19		
5. 交通运输和水利设施用地	20		
6. 其他建设用地	21		
（三）未利用地	22		
附报：	23		
（一）"四荒"地	24		
（二）待界定土地	25		
1. 待界定农用地	26		
2. 待界定建设用地	27		
3. 待界定未利用地	28		
（三）林木	29		
1. 公益林（立方米）	30		
2. 商品林（立方米）	31		
相关事项说明： 填表人：		填报单位（公章）：	

第四部分 资产清查结果的账务调整

99. 资产清查后账目调整的整体要求是什么？

根据《北京市农村工作委员会 北京市农村合作经济经营管理办公室 北京市财政局 北京市规划和国土资源管理委员会 北京市水务局 北京市园林绿化局 北京市教育委员会 北京市文化局 北京市卫生和计划生育委员会 北京市体育局关于全面开展农村集体清产核资工作的通知》（京政函〔2018〕26号）的相关规定，对集体经济组织资产清查中盘盈、盘亏，必须符合账务调整条件和履行规定审批程序，不符合条件或未履行规定程序的，不得进行账目调整。其账务调整的总体要求如下：

（1）对存货、农业资产、固定资产的盘盈或盘亏，在建工程的报废或损毁等，必须查明原因，落实责任，经集体经济组织成员或股东（代表）大会讨论通过，报乡（镇）或区农村经营管理部门审核批准后，按照会计制度进行账务处理。盘盈、盘亏计入未分配利润；数额较大的，可作为增减资本公积处理，同时调整账簿记录。

（2）对资产清查前没有纳入账内核算的存货、固定资产、无形资产、农业资产等，包括政府拨款、税费减免等形成的资产，社会团体、个人捐赠的资产等，有原始凭证的，按记载价值入账；无法取得原始凭证的，通过资产估价确认价值入账，作为增加资本公积处理，经民主程序讨论通过，可转增实收资本，同时调整账簿记录。

（3）对确实无法收回的应收及预付款项、对外投资，预期不能带来收益的无形资产，确实无法支付的债务等核销，必须进行严格的审核，查明原因，落实责任，经集体经济组织成员或股东（代表）大会讨论通过，报乡（镇）或区农村经营管理部门审核批准后，按照会计制度进行账务处理。债权债务核销及投资净损失计入未分配利润，同时调整账簿记录。

（4）集体经济组织所属企业，包括全资持有、直接或间接拥有半数以上表决权等能够控制的被投资企业，其资产要进行资产清查并登记入账。对集体经济组织全资持有的被投资企业，要将其资产清查后生成的资产负债表，与集体经济组织的资产负债表相关科目进行合并，同时集体经济组织与被投资企业之间的债权和债务项目要相互抵销；并调减集体经济组织的长期投资和被投资企业的所有者权益，差额计入资本公积。

100. 集体资产清查中存货盘盈或盘亏如何调整？

根据农经发〔2017〕11号和京政函〔2018〕26号文件要求，对存货的盘盈或盘亏，必须查明原因，落实责任，经集体经济组织成员或股东（代表）大会讨论通过，报乡（镇）或区农村经营管理部门审核批准后，按照会计制度进行账务处理。盘盈、盘亏计入当期损益；数额较大的，可作为增减资本公积处理，同时调整账簿记录。

【案例】北京某集体经济组织在资产清查中，对存货进行实地盘点，盘盈农机具配件2件套计1 000元，同时盘亏库存原材料1 000千克（入库时实际成本每千克6元，并已全部购买了财产保险）。经核实：盘盈的农机具配件系因错漏入账；盘亏原材料系因保管员张三保管失职被盗。资产清查小组将盘点结果报经集体经济组织成员代表大会讨论决定，对于盘盈的农机具配件因金额不大，全部列转当期损益；盘亏的原材料由保管员张三承担 2 000 元赔偿责任，获赔保险公司保险赔偿 3 000 元，其他列转损失。报经乡（镇）经管站审批，同意该集体经济组织处理方案。该集体经济组织应如何进行账务调整？

【案例分析】该村经济合作社应作如下账务调整：

借：原材料——农机具配件　　　　　　　　1 000
　　　贷：未分配利润　　　　　　　　　　　　　　1 000
借：未分配利润　　　　　　　　　　　　　1 000
　　　其他应收款——×××保险赔款　　　　3 000
　　　其他应收款——张三　　　　　　　　　2 000
　　　贷：原材料　　　　　　　　　　　　　　　　6 000

101. 农村集体资产清查中农业资产盘盈或盘亏如何调整？

对农业资产的盘盈或盘亏，必须查明原因，落实责任，经集体经济组织成员或股东（代表）大会讨论通过，报乡（镇）或区农村经营管理部门审核批准后，按照会计制度进行账务处理。盘盈、盘亏计入未分配利润；数额较大的，可作为增减资本公积处理，同时调整账簿记录。

【案例】北京市某乡集体经济组织在资产清查工作中，对农业资产进行现场盘点，发现其盘亏育肥畜安格斯牛 2 头（账面成本 18 000 元，并已全部购买了财产保险）、盘盈投产前樱桃（经济林）20 株。经查明，盘盈的樱桃系当年新生幼苗发育而成的，盘亏育肥畜牛系饲养员陈京峰因工作失职致安格斯牛感染疫病死亡。盘点小组将盘点结果报经乡集体经济成员代表大会讨论决定，对于盘盈的樱桃树按名义金额每株 1 元计算重置价值，全部计入未分配利润；盘亏的牲畜由保管员陈京峰承担 1 000 元赔偿责任，×××保险公司承诺承担 12 000 元保险赔偿，其他计入未分配利润，随后上报并取得乡（镇）经管站审核同意。应如何进行账务调整？

【案例分析】该集体经济组织应作如下账务调整：

借：生产性生物资产——樱桃　　　　　　　　　　20
　　贷：未分配利润　　　　　　　　　　　　　　　　　20
借：其他应收款——×××公司（保险赔款）　12 000
　　其他应收款——陈京峰　　　　　　　　　　 1 000
　　未分配利润　　　　　　　　　　　　　　　 5 000
　　贷：消耗生物资产——安格斯牛　　　　　　　　18 000

102. 农村集体资产清查中固定资产盘盈或盘亏如何调整？

对固定资产的盘盈或盘亏，必须查明原因，落实责任，经集体经济组织成员或股东（代表）大会讨论通过，报乡（镇）或区农村经营管理部门审核批准后，按照会计制度进行账务处理。盘盈、盘亏计入未分配利润；数额较大的，可作为增减资本公积处理，同时调整账簿记录。

【案例】某集体经济组织在资产清查中，盘亏五菱轻型货车1台（原值55 000元，已提折旧45 000元），盘盈柜式空调2台价值8 000元。经查明，盘盈的柜式空调系当年乡政府搬家时留转给该集体经济组织使用，盘亏五菱轻型货车因已超使用年限无法继续使用。该集体经济组织将盘点结果报经该集体经济组织成员代表会讨论决定，对于盘盈的柜式空调按乡政府原账面价值8 000元入账，计入未分配利润；盘亏的五菱轻型货车冲减资本公积。随后，该集体经济组织将处理结果报经乡（镇）经管站审核同意。应如何进行账务调整？

【案例分析】该集体经济组织应当进行如下账务调整：

借：固定资产——机器设备——空调　　　　　 8 000
　　贷：未分配利润　　　　　　　　　　　　　　　 8 000

借：资本公积　　　　　　　　　　　　　　　　10 000
　　累计折旧　　　　　　　　　　　　　　　　45 000
　贷：固定资产——五菱轻型货车　　　　　　　55 000

103. 农村集体资产清查中在建工程的报废或损毁如何调整？

对在建工程的报废或损毁，必须查明原因、落实责任，经集体经济组织成员或股东（代表）大会讨论通过，报乡（镇）或区农村经营管理部门审核批准后，按照会计制度进行账务处理。盘盈、盘亏计入未分配利润；数额较大的，可作为增减资本公积处理，同时调整账簿记录。

【案例】某集体经济组织在资产清查工作中对在建工程进行现场盘点，发现在建未完工的水塔1栋倒塌（账面成本650 000元，未购买财产保险）。经查明，水塔倒塌系因施工时，地基夯实不够所致。该集体经济组织将盘点结果报经集体经济组织成员代表大会讨论决定，对于倒塌的水塔，扣除原建筑工程队质保金70 000元，其他作为冲减资本公积处理，随后报经乡（镇）经管站审核同意。应如何进行账务调整？

【案例分析】该集体经济组织应作如下账务调整：
借：资本公积　　　　　　　　　　　　　　　　580 000
　　其他应付款——应付质保金　　　　　　　　70 000
　贷：在建工程——水塔　　　　　　　　　　　650 000

104. 农村集体资产清查中盘盈未纳入账内存货如何调整？

对资产清查前没有纳入账内核算的存货，包括政府拨款、税费减免等形成的存货，社会团体、个人捐赠的存货等，有原始凭证的，按记载价值入账；无法取得原始凭证的，通过资产估价确认价值入账，作为增加资本公积处理，经民主程序讨论通过，可转增实收资本，同时调整账簿记录。

【案例】某乡集体经济组织在资产清查中，现场盘点发现未入账的防护服 50 箱，共计 500 套价值 60 800 元（取得普通发票）。经查明原因，为新冠肺炎疫情暴发后，本乡在外经商的爱心人士王志国捐赠防护服一批未入账。乡集体经济组织资产清查工作小组将盘点结果报经乡集体经济组织成员代表会议讨论决定，盘盈的防护服作为增加资本公积处理，后经乡（镇）经管站审核同意。该乡集体经济组织应如何进行账务调整？

【案例分析】该乡集体经济组织应作如下账务调整：

借：库存物资——防护服　　　　　　　　　60 800
　　贷：资本公积　　　　　　　　　　　　　60 800

105. 农村集体资产清查中盘盈未纳入账内固定资产如何调整？

对资产清查前没有纳入账内核算的固定资产，包括政府拨款、税费减免等形成的固定资产、社会团体、个人捐赠的固定资产等，有原始凭证的，按记载价值入账；无法取得原始凭证的，通过资产估价确认价值入账，作为增加资本公积处理，经民主程序讨论通过，可转增实收资本，同时调整账簿记录。

【案例】某集体经济组织在资产清查工作中，现场盘点固定资产发现未入账的垃圾清扫车 1 台价值 280 000 元。经查明，系上年末镇政府下拨专项环境整治资金给各村统一购置的垃圾清扫车尚未入账。将盘点结果报经集体经济组织成员代表大会会议讨论决定，将该未入账垃圾清扫车列转资本公积，并报经乡（镇）经管站审核同意。应如何进行账务处理？

【案例分析】该集体经济组织应作如下账务调整：

借：固定资产——机械设备　　　　　　　280 000
　　贷：资本公积　　　　　　　　　　　　280 000

106. 农村集体资产清查中盘盈没有纳入账内无形资产如何调整？

对资产清查前没有纳入账内核算的无形资产，包括政府拨款、税费减免等形成的无形资产，社会团体、个人捐赠的无形资产等，有原始凭证的，按记载价值入账；无法取得原始凭证的，通过资产估价确认价值入账，作为增加资本公积处理，经民主程序讨论通过，可转增实收资本，同时调整账簿记录。

【案例】某乡级集体经济组织在资产清查工作中，盘盈一项歌曲《苹果红了》的著作权。经查实，系2019年聘请区文化馆作词作曲家张三谱写了宣传本乡苹果的歌曲，目前该项歌曲的著作权尚未入账，经委托独立第三方评估机构进行价值重估，估值为600 000元。乡集体经济组织将盘点结果报经乡集体经济组织成员代表大会讨论决定，将该未入账专利计入资本公积，后经区经管站审核同意。该集体经济组织应如何进行账务调整？

【案例分析】该集体经济组织应作如下账务调整：

借：无形资产——著作权　　　　　　　　　　600 000
　　贷：资本公积　　　　　　　　　　　　　　600 000

107. 农村集体资产清查中盘盈没有纳入账内农业资产如何调整？

对资产清查前没有纳入账内核算的农业资产，包括政府拨款、税费减免等形成的农业资产，社会团体、个人捐赠的农业资产等，有原始凭证的，按记载价值入账；无法取得原始凭证的，通过资产估价确认价值入账，作为增加资本公积处理，经民主程序讨论通过，可转增实收资本，同时调整账簿记录。

【案例】某村集体经济组织在资产清查中，在对农业资产清查时，现场盘点发现未入账的杨树苗一批，经查明，是本村村民王林无偿移交的原承包苗圃内杨树苗价值 28 000 元。该村集体经济组织成员代表大会讨论决定将盘盈杨树苗列计入资本公积，已报经乡（镇）经管站审核同意。应如何进行账务处理？

【案例分析】该村集体经济组织应作以下账务调整：

借：林木资产——非经济林木　　　　　　　　28 000
　　贷：资本公积　　　　　　　　　　　　　　　　　28 000

108. 农村集体资产清查中无法收回的应收款项如何调整？

对确实无法收回的应收款项的核销，必须进行严格的审核，查明原因，落实责任，经集体经济组织成员或股东（代表）大会讨论通过，报乡（镇）或区农村经营管理部门审核批准后，按照会计制度进行账务处理。债权核销的净损失计入未分配利润，同时调整账簿记录。

【案例】某村集体经济组织在资产清查中，对应收及预付款项进行了全面清查，其中应收北京龙腾四海物业管理有限公司 235 000 元。经查实，该公司已于 2019 年 11 月破产清算，因此该笔款项无法收回。村集体经济组织资产清查领导小组将清查结果报经村集体经济组织成员代表大会讨论决定，将无法收回的北京龙腾四海物业管理有限公司欠款作为资产清查损失予以核销，经乡（镇）经管站审核同意。该村集体经济组织应如何进行账务调整？

【案例分析】该村集体经济组织应作如下账务调整：

借：未分配利润　　　　　　　　　　　　　235 000
　　贷：应收账款——北京龙腾四海物业管理有限公司
　　　　　　　　　　　　　　　　　　　　　　　235 000

109. 农村集体资产清查中无法收回的预付款项如何调整？

对确实无法收回的预付款项的核销，必须进行严格的审核，查明原因，落实责任，经集体经济组织成员或股东（代表）大会讨论通过，报乡（镇）或区农村经营管理部门审核批准后，按照会计制度进行账务处理。债权核销净损失计入未分配利润，同时调整账簿记录。

【案例】某乡级集体经济组织在资产清查工作中，发现预付山东梁山泊酒业有限公司货款 65 000 元。经查明，该公司因经营不善破产，已经清算完毕并办理了公司注销登记，故此该笔货款无法收回。该乡集体经济组织资产清查小组将清查结果报经集体经济组织成员代表大会讨论决定，将无法收回的预付山东梁山泊酒业有限公司货款予以核销，全部计入未分配利润，并报经区经管站审核同意。该乡集体经济组织应如何进行账务处理？

【案例分析】该乡集体经济组织应作如下账务调整：

借：未分配利润　　　　　　　　　　　　　　65 000
　　贷：预付账款——山东梁山泊酒业有限公司　　65 000

110. 农村集体资产清查中无法收回的对外投资如何调整？

对确实无法收回的对外投资的核销，必须进行严格的审核，查明原因，落实责任，经集体经济组织成员或股东（代表）大会讨论通过，报乡（镇）或区农村经营管理部门审核批准后，按照会计制度进行账务处理。投资净损失计入未分配利润，同时调整账簿记录。

【案例】某乡级集体经济组织所属全资子公司在资产清查中，账载投资欧宝汽车交易市场有限公司 300 000 元（拥有该公司 30% 股权）。经查明，欧宝汽车交易市场有限公司因经营管理不善，导致近三年以来连续出现巨额亏损,现已资不抵债难以持续经营,该公司目前已办理了公司注销登记,故此该笔投资款项无法收回。该企业资产清查工作小组将清查结果报经公司董事会及乡集体经济组织成员代表大会讨论决定,核销无法收回的欧宝汽车交易市场有限公司投资款,并报经区经管站审核同意。该公司应如何进行账务调整?

【案例分析】该公司应作如下账务调整:

借:未分配利润　　　　　　　　　　　　　　　　300 000
　　贷:长期股权投资——欧宝汽车交易市场有限公司
　　　　　　　　　　　　　　　　　　　　　　　300 000

111. 农村集体资产清查中预期不能带来收益的无形资产如何调整?

对预期不能带来收益的无形资产的核销,必须进行严格的审核,查明原因,落实责任,经集体经济组织成员或股东(代表)大会讨论通过,报乡(镇)或区农村经营管理部门审核批准后,按照会计制度进行账务处理。无形资产净损失计入未分配利润,同时调整账簿记录。

【案例】某乡级集体经济组织所属全资子公司账载一套老管家财务软件净值8 000元(入账原值35 000元,已累计摊销27 000元)。经查实,该公司管理体系升级优化,之前的财务软件不能满足业务需要,已购买更为先进的财务软件,故此老管家财务软件已被淘汰。该企业资产清查工作小组将清查结果报经公司董事会及乡集体经济组织成员代表大会讨论决定,同意核销该财务软件,并报经区经管站审核同意。该公司应如何进行账务调整?

【案例分析】该公司应作如下账务调整:

借:未分配利润　　　　　　　　　　　　　　　　8 000

累计摊销——软件摊销　　　　　　　　　　　　27 000
　　　贷：无形资产——老管家财务软件　　　　　　　35 000

112. 农村集体资产清查中确实无法支付的债务如何调整？

对确实无法支付的债务的核销，必须进行严格审核，查明原因，落实责任，经集体经济组织成员或股东（代表）大会讨论通过，报乡（镇）或区农村经营管理部门审核批准后，按照会计制度进行账务处理。债务核销净损失计入未分配利润，同时调整账簿记录。

【案例】某乡级集体经济组织所属全资子公司账载应付东道国际广告有限公司广告费 36 000 元。经查明，2018 年，东道国际广告有限公司曾经提起诉讼，后法院判决，东道国际广告有限公司败诉；该乡级集体经济组织所属全资子公司无须继续支付该笔广告费。该企业资产清查工作小组将清查结果报经公司董事会及乡集体经济组织成员代表大会讨论决定，核销该笔应付广告费，并报经区经管站审核同意。该公司应如何进行账务调整？

【案例分析】该公司应作如下账务调整：
　　借：应付账款——东道国际广告有限公司　　　　36 000
　　　　贷：未分配利润　　　　　　　　　　　　　　36 000

113. 农村集体资产清查中对直接或间接拥有半数以上表决权等能够控制的被投资企业如何调整？

对集体经济组织（集体企业）直接或间接拥有半数以上表决权等能够控制的被投资企业，在资产清查后，将所有者权益按投资比例对应调整集体经济组织或集体企业的长期股权投资，差额调整资本公积。

【案例1】某乡级集体经济组织2016年6月向皇城嘉业餐饮服务有限公司投资1 000万元，占80%的股权。该乡级集体经济组织历年采用成本法核算长期股权投资。截至资产清查基准日，账载长期股权投资1 000万元。在资产清查中，皇城嘉业餐饮服务有限公司也被纳入资产清查范围。经资产清查后，皇城嘉业餐饮服务有限公司截至资产清查基准日的净资产价值为6 000万元。该乡级集体经济组织应如何进行账务调整？

【案例分析】该乡集体经济组织应做如下账务调整：

（1）计算资产清查登记日拥有的净资产价值＝6 000×80%
  ＝4 800（万元）

（2）计算应调整的长期股权投资金额＝4 800－1 000
  ＝3 800（万元）

（3）进行账务调整：

借：长期股权投资——皇城嘉业　　　38 000 000
　　贷：资本公积——资产清查价值调整　　38 000 000

【案例2】承上例，若经资产清查后，皇城嘉业餐饮服务有限公司截至资产清查基准日的净资产价值为900万元。该乡级集体经济组织应如何进行调整账务？

【案例分析】该乡集体经济组织应做如下账务调整：

（1）计算资产清查登记日拥有的净资产价值＝900×80%
  ＝720（万元）

（2）计算应调整的长期股权投资金额＝720－1 000
  ＝－280（万元）

（3）进行账务调整：

借：资本公积——资产清查价值调整　　2 800 000
　　贷：长期股权投资——皇城嘉业　　　2 800 000

114. 农村集体资产清查中清查出的账外长期股权投资如何处理？

对集体经济组织（集体企业）清查出的长期股权投资，应计入长期股权投资，并判断被投资单位是否应纳入清查范围，如应纳入资产清查范围，则应当按照规定纳入资产清查范围。具体应按以下要求进行相应账务调整：

（1）对集体经济组织全资持有的被投资企业，要将其资产清查后生成的资产负债表与集体经济组织的资产负债表相关科目合并，同时集体经济组织之间与被投资企业之间的债权债务要相互抵销，并调减集体经济组织或集体企业的长期股权投资和被投资企业的所有者权益，差额计入资本公积。

（2）对直接或间接拥有半数以上表决权等能够控制的被投资企业，在资产清查后，将所有者权益按投资比例对应调整集体经济组织或集体企业的长期股权投资，差额调整资本公积。

（3）对未达到直接或间接拥有半数以上表决权的被投资企业，直接将清查出的未入账长期股权投资调整入账。

【案例1】某乡级集体经济组织在本次资产清查中，截至资产清查基准日，账载对建安实业有限公司其他应付款余额80万元，但未见对其有长期股权投资。资产清查工作小组清查发现：建安实业有限公司注册登记信息及其财务账面记录均显示公司股东系该乡级集体经济组织，其实收资本150万元全部系该集体经济组织投资。经查明，是因在乡集体产业园项目合作过程中，由合作对方捐赠资金，以该乡集体经济组织的名义成立，由于未直接划拨资金，导致未按时入账所致。应如何进行账务调整？

【案例分析】由于经资产清查核实，乡级集体经济组织对建安实业有限公司实际持有150万元的长期股权投资，且占建安实业有限公司100%股权。因此应将建安实业有限公司作为资产清查的对象，进行资产清查，并将其资产清查后生成的资产负债表与集体经济组织的资产负债表相关科目合并。同时，应将集体经济组织与建安实业有限公司之间的债权债务相互抵销，并调减集体经济组织的长期投资和建安实业有限公司的所有者权益，差额计入资本公积。

假设经对建安实业有限公司资产清查后，建安实业有限公司净资产为200万元，资产清查结果经集体经济组织成员代表会议通过并报经区经管站审核同意，则应做如下账务处理：

（1）将清查出的长期股权投资150万元计入该乡集体经济组织账内，账务调整如下：

借：长期股权投资——建安实业有限公司　　1 500 000
　　贷：资本公积——其他资本公积　　　　　　　1 500 000

（2）将对建安实业有限公司资产清查后生成的资产负债表与该集体经济组织的资产负债表相关科目合并。

（3）将该集体经济组织与建安实业有限公司之间的债权债务要相互抵销、将实收资本与长期股权投资抵销。合并抵销调整如下：

借：其他应付款——建安实业有限公司　　　800 000
　　贷：其他应收款——某乡集体经济组织　　　　800 000
借：实收资本——某乡集体经济组织　　　1 500 000
　　贷：长期股权投资——建安实业有限公司　　1 500 000

【案例2】某乡级集体经济组织在资产清查中，截至资产清查基准日，账载对北方科技集团长期股权投资为200万元，占北方科技集团总股份40%。资产清查工作小组清查核实，该集体经济组织对北方科技集团尚有100万元的长期股权投资未入账。经查明，是因在乡集体产业园项目合作过程中，由合作对方捐赠资金，以该乡集体经济组织的名义投入，由于未直接划拨资金，导致未按时入账所致。应如何进行账务调整？

【案例分析】由于资产清查前，账载长期股权投资为200万元，占北方科技集团40%的股权，从账面上看属于"未达到直接或间接拥有半数以上表决权的被投资企业"，因此，北方科技集团不作为资产清查对象。但经资产清查核实后，该乡级集体经济组织对北方科技集团的实际投资总额为300万元，已占其实收资本的60%，属于"直接或间接拥有半数以上表决权的被投资企业"。因此，应将被投资单位北方科技集团纳入资产清查范围。在资产清查后，应将其所有者权益按投资比例对应调整该集体经济组织的长期股权投资，差额调整资本公积。

（1）将清查出的长期股权投资100万元计入某乡级集体经济组织账内，应做如下账务调整：

借：长期股权投资——北方科技集团　　1 000 000
　　贷：资本公积——其他资本公积　　　　1 000 000

由于调整后，该乡级集体经济组织对北方科技集团的实际投资总额为300万元，占其实收资本的60%，因此，应将北方科技集团作为资产清查对象，全面清查和核实北方科技集团的所有者权益。

假设经对北方科技集团资产清查后，北方科技集团净资产为200万元，资产清查结果经乡集体经济组织成员代表会议通过并报经区经管站审核同意，按规定进行相关账务调整。

（2）某乡集体经济组织按股份比例计算其对北方科技集团享有的所有者权益 = 200 × 60% = 120（万元）

（3）计算应调整的长期股权投资金额 = 120 - 400 = -280（万元）

（4）按规定对集体经济组织进行账务调整：

借：资本公积　　　　　　　　　　　　2 800 000
　　贷：长期股权投资——北方科技集团　　2 800 000

【案例3】某乡级集体经济组织资产清查中，截至资产清查基准日，账载对崔昌物业管理公司长期股权投资为200万元，占崔昌物业管理公司总股份20%，资产清查工作小组清查核实，该集体经济组织对崔昌物业管理公司尚有100万元的长期股权投资未入账。经查明原因，是因在乡集体经济组织项目合作过程中，由合作对方提供资金，以该乡集体经济组织的名义投入，由于未直接划拨资金，导致未按时入账所致。应如何进行处理？

【案例分析】 由于资产清查前，账载长期股权为 200 万元，占崔昌物业管理公司 20% 的股权。经资产清查核实后，乡级集体经济组织对崔昌物业管理公司的实际投资总额为 300 万元，占其实收资本的 30%。无论从账面上来看，还是经资产清查核实后，崔昌物业管理公司均不属于"直接或间接拥有半数以上表决权的被投资企业"。因此，崔昌物业管理公司不应作为该乡集体经济组织资产清查对象，只需直接将清查出的未入账的长期股权投资调整入账。账务调整如下：

借：长期股权投资——崔昌物业管理公司　1 000 000
　　贷：资本公积——其他资本公积　　　　　　1 000 000